Zauberhafte Kuchenwelten

Die Kunst der Kuchen und Torten

Lena Meier

Inhaltsverzeichnis

Pfirsichkuchen 12

Orangen-Marsala-Kuchen 13

Pfirsich-Birnen-Kuchen 14

Feuchter Ananaskuchen 15

Ananas-Kirsch-Kuchen 16

Natal-Ananas-Kuchen 17

Ananas auf den Kopf gestellt 18

Ananas-Walnuss-Kuchen 19

Himbeerkuchen 20

Rhabarberkuchen 21

Rhabarber-Honig-Kuchen 22

Rote-Bete-Kuchen 23

Karotten-Bananen-Kuchen 24

Karotten-Apfel-Kuchen 25

Karotten-Zimt-Kuchen 26

Karotten-Zucchini-Kuchen 27

Karotten-Ingwer-Kuchen 28

Karotten-Nuss-Kuchen 29

Karotten-, Orangen- und Nusskuchen 30

Karotten-Ananas-Kokos-Kuchen 31

Karotten-Pistazien-Kuchen 32

Karotten-Walnuss-Kuchen 33

Gewürzter Karottenkuchen 34

Kuchen mit Karotten und braunem Zucker 36

Zucchini- und Markkuchen	37
Zucchini-Orangen-Kuchen	38
Gewürzter Zucchinikuchen	39
Kürbiskuchen	41
Fruchtiger Kürbiskuchen	42
Gewürzte Kürbisrolle	43
Rhabarber-Honig-Kuchen	45
Süßkartoffelkuchen	46
Italienischer Mandelkuchen	48
Mandel-Kaffee-Torte	49
Mandel-Honig-Kuchen	50
Mandel-Zitronen-Kuchen	51
Mandelkuchen mit Orange	52
Reichhaltiger Mandelkuchen	53
Schwedischer Makronenkuchen	54
Kokosnussbrot	55
Kokosnusskuchen	56
Goldener Kokosnusskuchen	57
Kokos-Schichtkuchen	58
Kokos-Zitronen-Kuchen	59
Kokosnuss-Neujahrskuchen	60
Kokos-Sultaninen-Kuchen	61
Knusprig belegter Nusskuchen	62
Gemischter Nusskuchen	63
Griechischer Nusskuchen	64
Geeister Walnusskuchen	65
Walnusskuchen mit Schokoladencreme	66

Walnusskuchen mit Honig und Zimt	67
Mandel-Honig-Riegel	68
Apfel- und Johannisbeer-Streuselriegel	70
Aprikosen- und Haferflockenriegel	71
Aprikosen-Crunchies	72
Nussige Bananenriegel	73
Amerikanische Brownies	74
Schokoladen-Fudge-Brownies	75
Walnuss- und Schokoladen-Brownies	76
Butterriegel	77
Kirsch-Toffee-Traybake	78
Chocolate Chip Traybake	79
Zimt-Streusel-Schicht	80
Klebrige Zimtriegel	81
Kokosnussriegel	82
Sandwichriegel mit Kokosnuss und Marmelade	83
Dattel-Apfel-Traybake	84
Dattelscheiben	85
Omas Dattelriegel	86
Dattel- und Haferflockenriegel	87
Dattel- und Walnussriegel	88
Feigenriegel	89
Flapjacks	90
Kirsch-Flapjacks	91
Schokoladen-Flapjacks	92
Frucht-Flapjacks	93
Obst- und Nuss-Flapjacks	94

Ingwer-Flapjacks	95
Verrückte Flapjacks	96
Scharfe Zitronen-Shortbreads	97
Mokka- und Kokosnussquadrate	98
Hallo Dolly Cookies	100
Nuss- und Schokoladen-Kokosriegel	101
Nussige Quadrate	102
Orangen-Pekannuss-Scheiben	103
Parkin	104
Erdnussbutterriegel	105
Picknickscheiben	106
Ananas- und Kokosnussriegel	107
Pflaumenhefekuchen	108
Amerikanische Kürbisriegel	110
Quitten- und Mandelriegel	111
Rosinenriegel	113
Himbeer-Hafer-Quadrate	114
Shortbread-Zimt-Baiser	115
Brauner Zucker und Bananenriegel	116
Sonnenblumen- und Nussriegel	117
Toffee-Quadrate	118
Toffee-Traybake	119
Aprikosen-Käsekuchen	120
Avocado-Käsekuchen	122
Bananen-Käsekuchen	123
Leichter karibischer Käsekuchen	124
Schwarzkirsch-Käsekuchen	125

Kokos-Aprikosen-Käsekuchen 126

Cranberry-Käsekuchen 127

Ingwer-Käsekuchen 128

Ingwer-Zitronen-Käsekuchen 129

Haselnuss-Honig-Käsekuchen 130

Stachelbeer-Ingwer-Käsekuchen 131

Leichter Zitronenkäsekuchen 133

Zitronen-Müsli-Käsekuchen 134

Mandarinen-Käsekuchen 135

Zitronen-Nuss-Käsekuchen 136

Limetten-Käsekuchen 138

St. Clemens-Käsekuchen 139

Paschka 140

Leichter Ananas-Käsekuchen 141

Ananas-Käsekuchen 142

Rosinen-Käsekuchen 144

Himbeerkäsekuchen 145

Sizilianischer Käsekuchen 146

Glasierter Joghurt-Käsekuchen 147

Erdbeer-Käsekuchen 149

Sultaninen-Brandy-Käsekuchen 150

Gebackener Käsekuchen 151

Gebackene Käsekuchenriegel 152

Amerikanischer Käsekuchen 153

Gebackener niederländischer Apfelkäsekuchen 154

Gebackener Aprikosen-Haselnuss-Käsekuchen 156

Aprikosen-Orangen-Käsekuchen 157

Aprikosen-Ricotta-Käsekuchen	159
Boston-Käsekuchen	160
Gebackener karibischer Käsekuchen	161
Gebackener Schokoladenkäsekuchen	162
Schokoladen-Nuss-Käsekuchen	164
Deutscher Käsekuchen	165
Irischer Sahnelikör-Käsekuchen	167
Amerikanischer Zitronen-Nuss-Käsekuchen	168
Orangenkäsekuchen	170
Ricotta-Käsekuchen	171
Gebackener Käse-Sauerrahm-Käsekuchen	173
Leicht gebackener Käsekuchen mit Sultaninen	174
Leicht gebackener Vanille-Käsekuchen	175
Gebackener Käsekuchen mit weißer Schokolade	176
Käsekuchen mit weißer Schokolade und Haselnuss	177
Weißer Schokoladen-Waffel-Käsekuchen	178
Mürbeteig	179
Mürbeteig mit Öl	180
Reichhaltiger Mürbeteig	181
Amerikanisches Shortbread-Gebäck	182
Käsegebäck	183
Brandteig	184
Blätterteig	185
Blätterteig	186
Grober Blätterteig	188
Pâte Sucrée	189
Brandteigcremebrötchen	190

Käsige Mandarinen-Puffs 191

Schokoladen-Eclairs 192

Kränzchen 193

Mandel-Pfirsich-Gebäck 194

Apfelwindmühlen 196

Cremefarbene Hörner 197

Feuilleté 198

Mit Ricotta gefülltes Gebäck 199

Walnuss-Puffs 200

Dänisches Gebäck 201

Dänische Geburtstagsbrezel 202

Dänische Gebäckschnecken 204

Dänische Gebäckzöpfe 205

Plundergebäck-Windmühlen 206

Mandelgebäck 207

Einfache Biskuitkuchenform 208

Mandeltarte 209

Apfel-Orangen-Tarte aus dem 18. Jahrhundert 210

Deutscher Apfelkuchen 211

Apfelkuchen mit Honig 212

Apfel-Hackfleisch-Tarte 214

Apfel-Sultaninen-Tarte 215

Aprikosen-Kokos-Baiser-Tarte 216

Bakewell-Tarte 217

Banoffee Fudge Pie 218

Walisischer Brombeerumsatz 219

Brandy- oder Rum-Tarte 220

Buttertörtchen 222

Pfirsichkuchen

Ergibt einen 23 cm großen Kuchen

100 g/4 oz/½ Tasse Butter oder Margarine, weich

225 g/8 oz/1 Tasse Puderzucker (superfein).

3 Eier, getrennt

450 g/1 Pfund/4 Tassen einfaches (Allzweck-)Mehl

Eine Prise Salz

5 ml/1 TL Natron (Backpulver)

120 ml/4 fl oz/½ Tasse Milch

225 g/8 oz/2/3 Tasse Pfirsichmarmelade (konserviert)

Butter oder Margarine und Zucker schaumig rühren. Nach und nach das Eigelb unterrühren, dann Mehl und Salz unterheben. Mischen Sie das Natron mit der Milch, mischen Sie es dann unter die Kuchenmasse und geben Sie anschließend die Marmelade hinzu. Das Eiweiß steif schlagen und dann unter die Masse heben. Den Teig in zwei gefettete und mit Backpapier ausgelegte 23 cm große Kuchenformen füllen und im vorgeheizten Backofen bei 180 °C/350 °F/Gas Stufe 4 25 Minuten lang backen, bis er gut aufgegangen ist und sich federnd anfühlt.

Orangen-Marsala-Kuchen

Ergibt einen 23 cm großen Kuchen

175 g/6 oz/1 Tasse Sultaninen (goldene Rosinen)

120 ml/4 fl oz/½ Tasse Marsala

175 g/6 oz/¾ Tasse Butter oder Margarine, weich

100 g/4 oz/½ Tasse weicher brauner Zucker

225 g/8 oz/1 Tasse Puderzucker (superfein).

3 Eier, leicht geschlagen

Fein abgeriebene Schale von 1 Orange

5 ml/1 TL Orangenblütenwasser

275 g/10 oz/2½ Tassen einfaches (Allzweck-)Mehl

10 ml/2 TL Natron (Backpulver)

Eine Prise Salz

375 ml/13 fl oz/1½ Tassen Buttermilch

Glasur mit Orangenlikör

Die Sultaninen über Nacht im Marsala einweichen.

Butter oder Margarine und Zucker schaumig rühren, bis die Masse leicht und locker ist. Nach und nach die Eier unterrühren, dann die Orangenschale und das Orangenblütenwasser untermischen. Mehl, Natron und Salz abwechselnd mit der Buttermilch unterheben. Die eingeweichten Sultaninen und Marsala unterrühren. In zwei gefettete und mit Backpapier ausgelegte Kuchenformen (Pfannen) mit einem Durchmesser von 23 cm füllen und im vorgeheizten Ofen bei 180 °C/350 °F/Gas Stufe 4 35 Minuten lang backen, bis er sich federnd anfühlt und anfängt, sich von den Seiten wegzuschrumpfen der Dosen. Lassen Sie es 10 Minuten lang in den Formen abkühlen, bevor Sie es zum Abkühlen auf ein Kuchengitter stürzen.

Die Kuchen zusammen mit der Hälfte der Orangenlikör-Glasur einlegen und die restliche Glasur darauf verteilen.

Pfirsich-Birnen-Kuchen

Ergibt einen 23 cm großen Kuchen

175 g/6 oz/¾ Tasse Butter oder Margarine, weich

150 g/5 oz/2/3 Tasse Puderzucker (superfein).

2 Eier, leicht geschlagen

75 g/3 oz/¾ Tasse Vollkornmehl

75 g/3 oz/¾ Tasse einfaches (Allzweck-)Mehl

10 ml/2 TL Backpulver

15 ml/1 EL Milch

2 Pfirsiche, entkernt, gehäutet und gehackt

2 Birnen, geschält, entkernt und gehackt

30 ml/2 EL Puderzucker, gesiebt

Butter oder Margarine und Zucker schaumig rühren, bis die Masse leicht und locker ist. Nach und nach die Eier unterrühren, dann das Mehl und das Backpulver unterheben und die Milch dazugeben, bis die Masse eine sämige Konsistenz hat. Pfirsiche und Birnen unterheben. Geben Sie die Mischung in eine gefettete und mit Backpapier ausgelegte Kuchenform (23 cm/9 Zoll) und backen Sie sie im vorgeheizten Ofen bei 190 °C/375 °F/Gasstufe 5 1 Stunde lang, bis sie gut aufgegangen ist und sich federnd anfühlt. Lassen Sie es 10 Minuten in der Form abkühlen, bevor Sie es zum Abkühlen auf ein Kuchengitter stürzen. Vor dem Servieren mit Puderzucker bestäuben.

Feuchter Ananaskuchen

Ergibt einen 20 cm großen Kuchen

100 g Butter oder Margarine

350 g/12 oz/2 Tassen getrocknete gemischte Früchte (Obstkuchenmischung)

225 g/8 oz/1 Tasse weicher brauner Zucker

5 ml/1 TL gemahlenes gemischtes (Apfelkuchen-)Gewürz

5 ml/1 TL Natron (Backpulver)

425 g/15 oz/1 große Dose ungesüßte, zerkleinerte Ananas, abgetropft

225 g/8 oz/2 Tassen selbstaufgehendes (selbstaufgehendes) Mehl

2 Eier, geschlagen

Alle Zutaten bis auf das Mehl und die Eier in einen Topf geben und unter gutem Rühren vorsichtig bis zum Siedepunkt erhitzen. 3 Minuten lang köcheln lassen, dann die Mischung vollständig abkühlen lassen. Mehl einrühren, dann nach und nach die Eier unterrühren. Geben Sie die Masse in eine gefettete und mit Backpapier ausgelegte Kuchenform (20 cm Durchmesser) und backen Sie sie im vorgeheizten Ofen bei 180 °C/350 °F/Gasstufe 4 1½–1¾ Stunden lang, bis sie gut aufgegangen ist und sich fest anfühlt. In der Form abkühlen lassen.

Ananas-Kirsch-Kuchen

Ergibt einen 20 cm großen Kuchen

100 g/4 oz/½ Tasse Butter oder Margarine, weich

100 g/4 oz/1 Tasse Puderzucker (superfein).

2 Eier, geschlagen

225 g/8 oz/2 Tassen selbstaufgehendes (selbstaufgehendes) Mehl

2,5 ml/½ TL Backpulver

2,5 ml/½ TL gemahlener Zimt

175 g/6 oz/1 Tasse Sultaninen (goldene Rosinen)

25 g/1 oz/2 EL glacierte (kandierte) Kirschen

400 g/14 oz/1 große Dose Ananas, abgetropft und gehackt

30 ml/2 EL Brandy oder Rum

Puderzucker, gesiebt, zum Bestäuben

Butter oder Margarine und Zucker schaumig rühren, bis die Masse leicht und locker ist. Nach und nach die Eier unterrühren, dann Mehl, Backpulver und Zimt unterheben. Die restlichen Zutaten vorsichtig unterrühren. Geben Sie die Mischung in eine gefettete und mit Backpapier ausgelegte Kuchenform (20 cm Durchmesser) und backen Sie sie im vorgeheizten Ofen bei 160 °C/325 °F/Gasstufe 3 1½ Stunden lang, bis ein in der Mitte gesteckter Spieß sauber herauskommt. Abkühlen lassen und dann mit Puderzucker bestäubt servieren.

Natal-Ananas-Kuchen

Ergibt einen 23 cm großen Kuchen

50 g/2 oz/¼ Tasse Butter oder Margarine

100 g/4 oz/½ Tasse Puderzucker (superfein).

1 Ei, leicht geschlagen

150 g/5 oz/1¼ Tassen selbstaufgehendes (selbstaufgehendes) Mehl

Eine Prise Salz

120 ml/4 fl oz/½ Tasse Milch

Für den Belag:

100 g frische Ananas oder Ananas aus der Dose, grob gerieben

1 Essapfel (Dessertapfel), geschält, entkernt und grob gerieben

120 ml/4 fl oz/½ Tasse Orangensaft

15 ml/1 EL Zitronensaft

100 g/4 oz/½ Tasse Puderzucker (superfein).

5 ml/1 TL gemahlener Zimt

Butter oder Margarine schmelzen, dann Zucker und Ei schaumig schlagen. Abwechselnd Mehl und Salz mit der Milch verrühren, bis ein Teig entsteht. Den Teig in eine gefettete und mit Backpapier ausgelegte Kuchenform (23 cm/9 Zoll) füllen und im vorgeheizten Ofen bei 180 °C/350 °F/Gas Stufe 4 25 Minuten lang backen, bis er goldbraun und federnd ist.

Alle Topping-Zutaten zum Kochen bringen und dann 10 Minuten köcheln lassen. Über den warmen Kuchen geben und grillen (grillen), bis die Ananas anfängt zu bräunen. Vor dem warmen oder kalten Servieren abkühlen lassen.

Ananas auf den Kopf gestellt

Ergibt einen 20 cm großen Kuchen

175 g/6 oz/¾ Tasse Butter oder Margarine, weich

175 g/6 oz/¾ Tasse weicher brauner Zucker

400 g/14 oz/1 große Dose Ananasscheiben, abgetropft und entsaftet

4 glasierte (kandierte) Kirschen, halbiert

2 Eier

100 g/4 oz/1 Tasse selbstaufgehendes (selbstaufgehendes) Mehl

75 g/3 oz/1/3 Tasse Butter oder Margarine mit 75 g/3 oz/1/3 Tasse Zucker schaumig schlagen und auf dem Boden einer gefetteten 20 cm/8 Zoll großen Kuchenform verteilen (Pfanne). Die Ananasscheiben darauflegen und mit der abgerundeten Seite nach unten auf die Kirschen legen. Restliche Butter oder Margarine und Zucker schaumig rühren, dann nach und nach die Eier unterrühren. Mehl und 30 ml/2 EL des zurückbehaltenen Ananassafts unterheben. Über die Ananas geben und im vorgeheizten Backofen bei 180 °C/350 °F/Gas Stufe 4 45 Minuten backen, bis es sich fest anfühlt. 5 Minuten in der Form abkühlen lassen, dann vorsichtig aus der Form nehmen und zum Abkühlen auf ein Kuchengitter stürzen.

Ananas-Walnuss-Kuchen

Ergibt einen 23 cm großen Kuchen

225 g/8 oz/1 Tasse Butter oder Margarine, weich

225 g/8 oz/1 Tasse Puderzucker (superfein).

5 Eier

350 g/12 oz/3 Tassen einfaches (Allzweck-)Mehl

100 g/4 oz/1 Tasse Walnüsse, grob gehackt

100 g/4 oz/2/3 Tasse glacé (kandierte) Ananas, gehackt

Ein bisschen Milch

Butter oder Margarine und Zucker schaumig rühren, bis die Masse leicht und locker ist. Nach und nach die Eier unterrühren, dann Mehl, Nüsse und Ananas unterheben und gerade so viel Milch hinzufügen, dass eine tropfende Konsistenz entsteht. Den Teig in eine gefettete und mit Backpapier ausgelegte Kuchenform (23 cm/9 Zoll) füllen und im vorgeheizten Backofen bei 150 °C/300 °F/Gas Stufe 2 1½ Stunden lang backen, bis ein in der Mitte gesteckter Spieß sauber herauskommt.

Himbeerkuchen

Ergibt einen 20 cm großen Kuchen

100 g/4 oz/½ Tasse Butter oder Margarine, weich

200 g/7 oz/knapp 1 Tasse Puderzucker (superfein).

2 Eier, leicht geschlagen

250 ml/8 fl oz/1 Tasse Sauerrahm

5 ml/1 TL Vanilleessenz (Extrakt)

250 g/9 oz/2¼ Tassen einfaches (Allzweck-)Mehl

5 ml/1 TL Backpulver

5 ml/1 TL Natron (Backpulver)

5 ml/1 TL Kakaopulver (ungesüßte Schokolade).

2,5 ml/½ TL Salz

100 g frische oder aufgetaute gefrorene Himbeeren

Für den Belag:

30 ml/2 EL feinster Zucker

5 ml/1 TL gemahlener Zimt

Butter oder Margarine und Zucker schaumig rühren. Nach und nach die Eier, dann die saure Sahne und die Vanilleessenz unterrühren. Mehl, Backpulver, Natron, Kakao und Salz unterheben. Die Himbeeren unterheben. In eine gefettete Kuchenform (20 cm/8 Zoll) geben. Zucker und Zimt vermischen und über den Kuchen streuen. Im vorgeheizten Backofen bei 200 °C/400 °F/Gas Stufe 4 35 Minuten backen, bis der Spieß goldbraun ist und ein Spieß in der Mitte sauber herauskommt. Mit dem mit Zimt vermischten Zucker bestreuen.

Rhabarberkuchen

Ergibt einen 20 cm großen Kuchen

225 g/8 oz/2 Tassen Vollkornmehl

10 ml/2 TL Backpulver

10 ml/2 TL gemahlener Zimt

45 ml/3 EL klarer Honig

175 g/6 oz/1 Tasse Sultaninen (goldene Rosinen)

2 Eier

150 ml/¼ pt/2/3 Tasse Milch

225 g Rhabarber, gehackt

30 ml/2 EL Demerara-Zucker

Alle Zutaten außer Rhabarber und Zucker vermischen. Den Rhabarber unterrühren und in eine gefettete und bemehlte Kuchenform (20 cm Durchmesser) geben. Mit dem Zucker bestreuen. Im vorgeheizten Backofen bei 180 °C/350 °F/Gas Stufe 4 45 Minuten backen, bis die Masse fest ist. Vor dem Stürzen 10 Minuten in der Form abkühlen lassen.

Rhabarber-Honig-Kuchen

Ergibt zwei 450 g/1 Pfund schwere Kuchen

250 g/9 oz/2/3 Tasse klarer Honig

120 ml/4 fl oz/½ Tasse Öl

1 Ei, leicht geschlagen

15 ml/1 EL Natron (Backpulver)

150 ml/¼ pt/2/3 Tasse Naturjoghurt

75 ml/5 EL Wasser

350 g/12 oz/3 Tassen einfaches (Allzweck-)Mehl

10 ml/2 TL Salz

350 g Rhabarber, fein gehackt

5 ml/1 TL Vanilleessenz (Extrakt)

50 g/2 oz/½ Tasse gehackte gemischte Nüsse

Für den Belag:
75 g/3 oz/1/3 Tasse weicher brauner Zucker

5 ml/1 TL gemahlener Zimt

15 ml/1 EL Butter oder Margarine, geschmolzen

Honig und Öl vermischen, dann das Ei unterrühren. Mischen Sie das Natron mit Joghurt und Wasser, bis es sich aufgelöst hat. Mehl und Salz vermischen und abwechselnd mit dem Joghurt zur Honigmischung geben. Rhabarber, Vanilleessenz und Nüsse unterrühren. In zwei gefettete und ausgelegte 450-g-Kastenformen (Pfannen) füllen. Die Zutaten für den Belag vermischen und über die Kuchen streuen. Im vorgeheizten Backofen bei 160 °C/325 °F/Gas Stufe 3 1 Stunde lang backen, bis es sich leicht fest anfühlt und oben goldbraun ist. 10 Minuten in den Formen abkühlen lassen, dann zum Abkühlen auf ein Kuchengitter stürzen.

Rote-Bete-Kuchen

Ergibt einen 20 cm großen Kuchen

250 g/9 oz/1¼ Tassen einfaches (Allzweck-)Mehl

15 ml/1 EL Backpulver

5 ml/1 TL gemahlener Zimt

Eine Prise Salz

150 ml/8 fl oz/1 Tasse Öl

300 g/11 oz/11/3 Tassen Puderzucker (superfein).

3 Eier, getrennt

150 g rohe Rote Bete, geschält und grob gerieben

150 g Karotten, grob gerieben

100 g/4 oz/1 Tasse gehackte gemischte Nüsse

Mehl, Backpulver, Zimt und Salz vermischen. Öl und Zucker unterrühren. Eigelb, Rote Bete, Karotten und Nüsse unterrühren. Das Eiweiß steif schlagen und dann mit einem Metalllöffel unter die Masse heben. Geben Sie die Mischung in eine gefettete und mit Backpapier ausgelegte Kuchenform (20 cm Durchmesser) und backen Sie sie im vorgeheizten Ofen bei 180 °C/350 °F/Gasstufe 4 1 Stunde lang, bis sie sich federnd anfühlt.

Karotten-Bananen-Kuchen

Ergibt einen 20 cm großen Kuchen

175 g/6 oz Karotten, gerieben

2 Bananen, zerdrückt

75 g/3 oz/½ Tasse Sultaninen (goldene Rosinen)

50 g/2 oz/½ Tasse gehackte gemischte Nüsse

175 g/6 oz/1½ Tassen selbstaufgehendes (selbstaufgehendes) Mehl

5 ml/1 TL Backpulver

5 ml/1 TL gemahlenes gemischtes (Apfelkuchen-)Gewürz

Saft und abgeriebene Schale von 1 Orange

2 Eier, geschlagen

75 g/3 oz/1/2 Tasse heller Muscovado-Zucker

100 ml/31/2 fl oz/knapp 1/2 Tasse Sonnenblumenöl

Alle Zutaten vermischen, bis alles gut vermischt ist. In eine gefettete und ausgelegte Kuchenform (Pfanne) mit 20 cm Durchmesser geben und im vorgeheizten Backofen bei 180 °C/350 °F/Gas Stufe 4 1 Stunde lang backen, bis ein in der Mitte gesteckter Spieß sauber herauskommt.

Karotten-Apfel-Kuchen

Ergibt einen 23 cm großen Kuchen

250 g/9 oz/2¼ Tassen selbstaufgehendes (selbstaufgehendes) Mehl

5 ml/1 TL Natron (Backpulver)

5 ml/1 TL gemahlener Zimt

175 g/6 oz/¾ Tasse weicher brauner Zucker

Fein abgeriebene Schale von 1 Orange

3 Eier

200 ml/7 fl oz/knapp 1 Tasse Öl

150 g/5 oz Essäpfel (Dessertäpfel), geschält, entkernt und gerieben

150 g/5 oz Karotten, gerieben

100 g/4 oz/2/3 Tasse verzehrfertige getrocknete Aprikosen, gehackt

100 g/4 oz/1 Tasse Pekannüsse oder Walnüsse, gehackt

Mehl, Natron und Zimt vermischen, dann den Zucker und die Orangenschale unterrühren. Die Eier mit dem Öl verquirlen, dann den Apfel, die Karotten und zwei Drittel der Aprikosen und Nüsse unterrühren. Die Mehlmischung unterheben und in eine gefettete und mit Backpapier ausgelegte Kuchenform (23 cm/9 Zoll) füllen. Mit den restlichen gehackten Aprikosen und Nüssen bestreuen. Im vorgeheizten Backofen bei 180 °C/350 °F/Gas Stufe 4 30 Minuten backen, bis es sich federnd anfühlt. In der Form etwas abkühlen lassen, dann zum Auskühlen auf ein Kuchengitter stürzen.

Karotten-Zimt-Kuchen

Ergibt einen 20 cm großen Kuchen

100 g/4 oz/1 Tasse Vollkornmehl

100 g/4 oz/1 Tasse einfaches (Allzweck-)Mehl

15 ml/1 EL gemahlener Zimt

5 ml/1 TL geriebene Muskatnuss

10 ml/2 TL Backpulver

100 g Butter oder Margarine

100 g/4 oz/1/3 Tasse klarer Honig

100 g/4 oz/½ Tasse weicher brauner Zucker

225 g/8 oz Karotten, gerieben

Mehl, Zimt, Muskatnuss und Backpulver in einer Schüssel vermischen. Butter oder Margarine mit Honig und Zucker schmelzen und unter das Mehl mischen. Die Karotten unterrühren und gut vermischen. In eine gefettete und mit Backpapier ausgelegte Kuchenform (Pfanne) mit 20 cm Durchmesser geben und im vorgeheizten Backofen bei 160 °C/325 °F/Gas Stufe 3 1 Stunde lang backen, bis ein in der Mitte gesteckter Spieß sauber herauskommt. 10 Minuten in der Form abkühlen lassen, dann zum Abkühlen auf ein Kuchengitter stürzen.

Karotten-Zucchini-Kuchen

Ergibt einen 23 cm großen Kuchen

2 Eier

175 g/6 oz/¾ Tasse weicher brauner Zucker

100 g Karotten, gerieben

50 g Zucchini, gerieben

75 ml/5 EL Öl

225 g/8 oz/2 Tassen selbstaufgehendes (selbstaufgehendes) Mehl

2,5 ml/½ TL Backpulver

5 ml/1 TL gemahlenes gemischtes (Apfelkuchen-)Gewürz

Frischkäseglasur

Eier, Zucker, Karotten, Zucchini und Öl vermischen. Mehl, Backpulver und Gewürzmischung einrühren und zu einem glatten Teig verrühren. Den Teig in eine gefettete und mit Backpapier ausgelegte Kuchenform (23 cm/9 Zoll) füllen und im vorgeheizten Ofen bei 180 °C/350 °F/Gas Stufe 4 30 Minuten lang backen, bis ein in der Mitte gesteckter Spieß sauber herauskommt. Abkühlen lassen, dann mit Frischkäseglasur bestreichen.

Karotten-Ingwer-Kuchen

Ergibt einen 20 cm großen Kuchen

175 g/6 oz/2/3 Tasse Butter oder Margarine

100 g/4 oz/1/3 Tasse goldener (heller Mais-)Sirup

120 ml/4 fl oz/½ Tasse Wasser

100 g/4 oz/½ Tasse weicher brauner Zucker

150 g Karotten, grob gerieben

5 ml/1 TL Natron (Backpulver)

200 g/7 oz/1¾ Tassen einfaches (Allzweck-)Mehl

100 g/4 oz/1 Tasse selbstaufgehendes (selbstaufgehendes) Mehl

5 ml/1 TL gemahlener Ingwer

Eine Prise Salz

Für die Glasur (Frosting):

175 g/6 oz/1 Tasse Puderzucker, gesiebt

5 ml/1 TL Butter oder Margarine, weich

30 ml/2 EL Zitronensaft

Butter oder Margarine mit Sirup, Wasser und Zucker schmelzen und zum Kochen bringen. Vom Herd nehmen und die Karotten und Natron unterrühren. Abkühlen lassen. Mehl, Ingwer und Salz untermischen, in eine gefettete Kuchenform (20 cm/8 Zoll) geben und im vorgeheizten Backofen bei 180 °C/350 °F/Gas Stufe 4 45 Minuten backen, bis der Teig gut aufgegangen und federnd ist die Berührung. Herausnehmen und abkühlen lassen.

Den Puderzucker mit der Butter oder Margarine und so viel Zitronensaft verrühren, dass eine streichfähige Glasur entsteht. Schneiden Sie den Kuchen horizontal in zwei Hälften, verwenden Sie dann die Hälfte des Zuckergusses, um den Kuchen zusammenzusetzen, und spritzen oder verteilen Sie den Rest darauf.

Karotten-Nuss-Kuchen

Ergibt einen 18 cm großen Kuchen

2 große Eier, getrennt

150 g/5 oz/2/3 Tasse Puderzucker (superfein).

225 g/8 oz Karotten, gerieben

150 g/5 oz/1¼ Tassen gehackte gemischte Nüsse

10 ml/2 TL abgeriebene Zitronenschale

50 g/2 oz/½ Tasse einfaches (Allzweck-)Mehl

2,5 ml/½ TL Backpulver

Eigelb und Zucker verrühren, bis eine dicke, cremige Masse entsteht. Karotten, Nüsse und Zitronenschale unterrühren, dann Mehl und Backpulver unterheben. Das Eiweiß verquirlen, bis sich weiche Spitzen bilden, dann unter die Masse heben. In eine gefettete quadratische Kuchenform (19 cm/7 Zoll) füllen. Im vorgeheizten Backofen bei 180 °C/350 °F/Gas Stufe 4 40–45 Minuten backen, bis ein in der Mitte gesteckter Spieß sauber herauskommt.

Karotten-, Orangen- und Nusskuchen

Ergibt einen 20 cm großen Kuchen

100 g/4 oz/½ Tasse Butter oder Margarine, weich

100 g/4 oz/½ Tasse weicher brauner Zucker

5 ml/1 TL gemahlener Zimt

5 ml/1 TL geriebene Orangenschale

2 Eier, leicht geschlagen

15 ml/1 EL Orangensaft

100 g Karotten, fein gerieben

50 g/2 oz/½ Tasse gehackte gemischte Nüsse

225 g/8 oz/2 Tassen selbstaufgehendes (selbstaufgehendes) Mehl

5 ml/1 TL Backpulver

Butter oder Margarine, Zucker, Zimt und Orangenschale cremig rühren, bis eine leichte, lockere Masse entsteht. Eier und Orangensaft nach und nach unterrühren, dann Karotten, Nüsse, Mehl und Backpulver unterheben. Den Teig in eine gefettete und mit Backpapier ausgelegte Kuchenform (20 cm Durchmesser) füllen und im vorgeheizten Backofen bei 180 °C/350 °F/Gas Stufe 4 45 Minuten lang backen, bis er sich federnd anfühlt.

Karotten-Ananas-Kokos-Kuchen

Ergibt einen 25 cm großen Kuchen

3 Eier

350 g/12 oz/1½ Tassen Puderzucker (superfein).

300 ml/½ pt/1¼ Tassen Öl

5 ml/1 TL Vanilleessenz (Extrakt)

225 g/8 oz/2 Tassen einfaches (Allzweck-)Mehl

5 ml/1 TL Natron (Backpulver)

10 ml/2 TL gemahlener Zimt

5 ml/1 TL Salz

225 g/8 oz Karotten, gerieben

100 g Ananas aus der Dose, abgetropft und zerkleinert

100 g/4 oz/1 Tasse getrocknete (geschredderte) Kokosnuss

100 g/4 oz/1 Tasse gehackte gemischte Nüsse

Puderzucker, gesiebt, zum Bestreuen

Eier, Zucker, Öl und Vanilleessenz verrühren. Mehl, Natron, Zimt und Salz vermischen und nach und nach unter die Masse rühren. Karotten, Ananas, Kokosnuss und Nüsse unterheben. In eine gefettete und bemehlte Kuchenform (25 cm/10 Zoll) geben und im vorgeheizten Backofen bei 160 °C/325 °F/Gas Stufe 3 1¼ Stunden lang backen, bis ein in der Mitte gesteckter Spieß sauber herauskommt. Lassen Sie es 10 Minuten in der Form abkühlen, bevor Sie es zum Abkühlen auf ein Kuchengitter stürzen. Vor dem Servieren mit Puderzucker bestreuen.

Karotten-Pistazien-Kuchen

Ergibt einen 23 cm großen Kuchen

100 g/4 oz/½ Tasse Butter oder Margarine, weich

100 g/4 oz/½ Tasse Puderzucker (superfein).

2 Eier

225 g/8 oz/2 Tassen einfaches (Allzweck-)Mehl

5 ml/1 TL Natron (Backpulver)

5 ml/1 TL gemahlener Kardamom

225 g/8 oz Karotten, gerieben

50 g/2 oz/½ Tasse Pistazien, gehackt

50 g/2 oz/½ Tasse gemahlene Mandeln

100 g/4 oz/2/3 Tasse Sultaninen (goldene Rosinen)

Butter oder Margarine und Zucker schaumig rühren, bis die Masse leicht und locker ist. Nach und nach die Eier unterrühren, nach jeder Zugabe gut verrühren, dann das Mehl, Natron und Kardamom unterheben. Karotten, Nüsse, gemahlene Mandeln und Rosinen unterrühren. Geben Sie die Mischung in eine gefettete und mit Backpapier ausgelegte Kuchenform (23 cm Durchmesser) und backen Sie sie im vorgeheizten Ofen bei 180 °C/350 °F/Gasstufe 4 40 Minuten lang, bis sie gut aufgegangen ist und sich goldbraun und federnd anfühlt.

Karotten-Walnuss-Kuchen

Ergibt einen 23 cm großen Kuchen

200 ml/7 fl oz/knapp 1 Tasse Öl

4 Eier

225 g/8 oz/2/3 Tasse klarer Honig

225 g/8 oz/2 Tassen Vollkornmehl

10 ml/2 TL Backpulver

2,5 ml/½ TL Natron (Backpulver)

Eine Prise Salz

5 ml/1 TL Vanilleessenz (Extrakt)

175 g/6 oz Karotten, grob gerieben

175 g/6 oz/1 Tasse Rosinen

100 g/4 oz/1 Tasse Walnüsse, fein gehackt

Öl, Eier und Honig verrühren. Nach und nach alle restlichen Zutaten untermischen und verrühren, bis alles gut vermischt ist. In eine gefettete und bemehlte Kuchenform (23 cm/9 Zoll) geben und im vorgeheizten Backofen bei 180 °C/350 °F/Gas Stufe 4 1 Stunde lang backen, bis ein in der Mitte gesteckter Spieß sauber herauskommt.

Gewürzter Karottenkuchen

Ergibt einen 18 cm großen Kuchen

175 g/6 oz/1 Tasse Datteln

120 ml/4 fl oz/½ Tasse Wasser

175 g/6 oz/¾ Tasse Butter oder Margarine, weich

2 Eier, leicht geschlagen

225 g/8 oz/2 Tassen selbstaufgehendes (selbstaufgehendes) Mehl

175 g Karotten, fein gerieben

25 g/1 oz/¼ Tasse gemahlene Mandeln

Abgeriebene Schale von 1 Orange

2,5 ml/½ TL gemahlenes gemischtes (Apfelkuchen-)Gewürz

2,5 ml/½ TL gemahlener Zimt

2,5 ml/½ TL gemahlener Ingwer

Für die Glasur (Frosting):

350 g/12 oz/1½ Tassen Quark

25 g/1 oz/2 EL Butter oder Margarine, weich

Abgeriebene Schale von 1 Orange

Datteln und Wasser in einen kleinen Topf geben, zum Kochen bringen und dann 10 Minuten köcheln lassen, bis sie weich sind. Entfernen und entsorgen Sie die Steine (Gruben) und hacken Sie die Datteln fein. Die Datteln mit der Flüssigkeit, der Butter oder Margarine und den Eiern cremig rühren. Alle restlichen Kuchenzutaten unterheben. Geben Sie die Mischung in eine gefettete und mit Backpapier ausgelegte Kuchenform (Pfanne) mit 18 cm Durchmesser und backen Sie sie im vorgeheizten Ofen bei 180 °C/350 °F/Gasstufe 4 1 Stunde lang, bis ein in der Mitte gesteckter Spieß sauber herauskommt. Lassen Sie es 10 Minuten in der Form abkühlen, bevor Sie es zum Abkühlen auf ein Kuchengitter stürzen.

Für die Glasur alle Zutaten verrühren, bis eine streichfähige Konsistenz entsteht, bei Bedarf noch etwas Orangensaft oder Wasser hinzufügen. Den Kuchen waagerecht halbieren, die Schichten mit der Hälfte des Zuckergusses zusammenlegen und den Rest darauf verteilen.

Kuchen mit Karotten und braunem Zucker

Ergibt einen 18 cm großen Kuchen

5 Eier, getrennt

200 g/7 oz/knapp 1 Tasse weicher brauner Zucker

15 ml/1 EL Zitronensaft

300 g/10 oz Karotten, gerieben

225 g/8 oz/2 Tassen gemahlene Mandeln

25 g/1 oz/¼ Tasse Vollkornmehl

5 ml/1 TL gemahlener Zimt

25 g/1 oz/2 EL Butter oder Margarine, geschmolzen

25 g/1 oz/2 EL Puderzucker (superfein).

30 ml/2 EL einfache (helle) Sahne

75 g/3 oz/¾ Tasse gehackte gemischte Nüsse

Eigelb schaumig schlagen, Zucker unterrühren, bis eine glatte Masse entsteht, dann Zitronensaft unterrühren. Ein Drittel der Karotten und dann ein Drittel der Mandeln unterrühren und auf diese Weise fortfahren, bis alles vermischt ist. Mehl und Zimt unterrühren. Das Eiweiß steif schlagen und dann mit einem Metalllöffel unter die Masse heben. In eine gefettete und mit Backpapier ausgelegte, 18 cm hohe Kuchenform (Pfanne) füllen und im vorgeheizten Backofen bei 180 °C/350 °F/Gas Stufe 4 1 Stunde lang backen. Decken Sie den Kuchen locker mit Backpapier ab und reduzieren Sie die Ofentemperatur für weitere 15 Minuten auf 160 °C/325 °F/Gasstufe 3, oder bis der Kuchen vom Rand der Form leicht schrumpft und die Mitte noch feucht ist. Lassen Sie den Kuchen in der Form, bis er gerade noch warm ist, und stürzen Sie ihn dann zum Abkühlen.

Zerlassene Butter oder Margarine, Zucker, Sahne und Nüsse vermischen, über den Kuchen gießen und unter einem mittelgroßen Grill (Broiler) goldbraun backen.

Zucchini- und Markkuchen

Ergibt einen 20 cm großen Kuchen

225 g/8 oz/1 Tasse Puderzucker (superfein).

2 Eier, geschlagen

120 ml/4 fl oz/½ Tasse Öl

100 g/4 oz/1 Tasse einfaches (Allzweck-)Mehl

5 ml/1 TL Backpulver

2,5 ml/½ TL Natron (Backpulver)

2,5 ml/½ TL Salz

100 g Zucchini, gerieben

100 g zerkleinerte Ananas

50 g/2 oz/½ Tasse Walnüsse, gehackt

5 ml/1 TL Vanilleessenz (Extrakt)

Zucker und Eier verrühren, bis alles hell und gut vermischt ist. Das Öl und dann die trockenen Zutaten unterrühren. Zucchini, Ananas, Walnüsse und Vanilleessenz unterrühren. Den Teig in eine gefettete und bemehlte Kuchenform (20 cm Durchmesser) füllen und im vorgeheizten Backofen bei 180 °C/350 °F/Gas Stufe 4 1 Stunde lang backen, bis ein in der Mitte gesteckter Spieß sauber herauskommt. Lassen Sie es 30 Minuten lang in der Form abkühlen, bevor Sie es zum Abkühlen auf ein Kuchengitter stürzen.

Zucchini-Orangen-Kuchen

Ergibt einen 25 cm großen Kuchen

225 g/8 oz/1 Tasse Butter oder Margarine, weich

450 g/1 Pfund/2 Tassen weicher brauner Zucker

4 Eier, leicht geschlagen

275 g/10 oz/2½ Tassen einfaches (Allzweck-)Mehl

15 ml/1 EL Backpulver

2,5 ml/½ TL Salz

5 ml/1 TL gemahlener Zimt

2,5 ml/½ TL geriebene Muskatnuss

Eine Prise gemahlene Nelken

Abgeriebene Schale und Saft von 1 Orange

225 g/8 oz/2 Tassen Zucchini, gerieben

Butter oder Margarine und Zucker schaumig rühren, bis die Masse leicht und locker ist. Nach und nach die Eier unterrühren, dann abwechselnd Mehl, Backpulver, Salz und Gewürze mit der Orangenschale und dem Saft unterheben. Zucchini unterrühren. Den Teig in eine gefettete und mit Backpapier ausgelegte Kuchenform (25 cm/10 Zoll) füllen und im vorgeheizten Ofen bei 180 °C/350 °F/Gas Stufe 4 1 Stunde lang backen, bis er goldbraun ist und sich federnd anfühlt. Wenn die Oberseite gegen Ende des Backvorgangs zu braun wird, decken Sie sie mit Backpapier ab.

Gewürzter Zucchinikuchen

Ergibt einen 25 cm großen Kuchen

350 g/12 oz/3 Tassen einfaches (Allzweck-)Mehl

10 ml/2 TL Backpulver

7,5 ml/1½ TL gemahlener Zimt

5 ml/1 TL Natron (Backpulver)

2,5 ml/½ TL Salz

8 Eiweiß

450 g/1 Pfund/2 Tassen Puderzucker (superfein).

100 g/4 oz/1 Tasse Apfelmus (Sauce)

120 ml/4 fl oz/½ Tasse Buttermilch

15 ml/1 EL Vanilleessenz (Extrakt)

5 ml/1 TL fein abgeriebene Orangenschale

350 g/12 oz/3 Tassen Zucchini, gerieben

75 g/3 oz/¾ Tasse Walnüsse, gehackt

Für den Belag:

100 g/4 oz/½ Tasse Frischkäse

25 g/1 oz/2 EL Butter oder Margarine, weich

5 ml/1 TL fein abgeriebene Orangenschale

10 ml/2 TL Orangensaft

350 g/12 oz/2 Tassen Puderzucker, gesiebt

Die trockenen Zutaten miteinander vermischen. Das Eiweiß schlagen, bis weiche Spitzen entstehen. Den Zucker, dann das Apfelmus, die Buttermilch, die Vanilleessenz und die Orangenschale langsam unterrühren. Die Mehlmischung, dann die

Zucchini und Walnüsse unterheben. In eine gefettete und bemehlte Kuchenform (25 cm/10 Zoll) geben und im vorgeheizten Ofen bei 150 °C/300 °F/Gas Stufe 2 1 Stunde lang backen, bis ein in der Mitte gesteckter Spieß sauber herauskommt. In der Form abkühlen lassen.

Alle Topping-Zutaten glatt rühren und so viel Zucker hinzufügen, dass eine streichfähige Konsistenz entsteht. Auf dem abgekühlten Kuchen verteilen.

Kürbiskuchen

Ergibt einen Kuchen im Format 23 x 33 cm

450 g/1 Pfund/2 Tassen Puderzucker (superfein).

4 Eier, geschlagen

375 ml/13 fl oz/1½ Tassen Öl

350 g/12 oz/3 Tassen einfaches (Allzweck-)Mehl

15 ml/1 EL Backpulver

10 ml/2 TL Natron (Backpulver)

10 ml/2 TL gemahlener Zimt

2,5 ml/½ TL gemahlener Ingwer

Eine Prise Salz

225 g gewürfelter gekochter Kürbis

100 g/4 oz/1 Tasse Walnüsse, gehackt

Zucker und Eier verrühren, bis alles gut vermischt ist, dann das Öl unterrühren. Die restlichen Zutaten untermischen. In eine gefettete und bemehlte Backform (23 x 33 cm/ 9 x 13 Zoll) geben und im vorgeheizten Backofen bei 180 °C/350 °F/Gas Stufe 4 1 Stunde lang backen, bis ein in der Mitte gesteckter Spieß herauskommt sauber.

Fruchtiger Kürbiskuchen

Ergibt einen 20 cm großen Kuchen

100 g/4 oz/½ Tasse Butter oder Margarine, weich

150 g/5 oz/2/3 Tasse weicher brauner Zucker

2 Eier, leicht geschlagen

225 g kalt gekochter Kürbis

30 ml/2 EL goldener Sirup (heller Mais).

225 g/8 oz 1/1/3 Tassen getrocknete gemischte Früchte (Obstkuchenmischung)

225 g/8 oz/2 Tassen selbstaufgehendes (selbstaufgehendes) Mehl

50 g/2 oz/½ Tasse Kleie

Butter oder Margarine und Zucker schaumig rühren, bis die Masse leicht und locker ist. Nach und nach die Eier unterrühren, dann die restlichen Zutaten unterheben. In eine gefettete und mit Backpapier ausgelegte Kuchenform (Pfanne) mit 20 cm Durchmesser geben und im vorgeheizten Backofen bei 160 °C/325 °F/Gas Stufe 3 1 ¼ Stunden lang backen, bis ein in der Mitte gesteckter Spieß sauber herauskommt.

Gewürzte Kürbisrolle

Ergibt eine 30 cm/12 Zoll große Rolle

75 g/3 oz/¾ Tasse einfaches (Allzweck-)Mehl

5 ml/1 TL Natron (Backpulver)

5 ml/1 TL gemahlener Ingwer

2,5 ml/½ TL geriebene Muskatnuss

10 ml/2 TL gemahlener Zimt

Eine Prise Salz

1 Ei

225 g/8 oz/1 Tasse Puderzucker (superfein).

100 g gekochter Kürbis, gewürfelt

5 ml/1 TL Zitronensaft

4 Eiweiß

50 g/2 oz/½ Tasse Walnüsse, gehackt

50 g/2 oz/1/3 Tasse Puderzucker, gesiebt

Für die Füllung:

175 g/6 oz/1 Tasse Puderzucker, gesiebt

100 g/4 oz/½ Tasse Frischkäse

2,5 ml/½ TL Vanilleessenz (Extrakt)

Mehl, Natron, Gewürze und Salz vermischen. Das Ei schlagen, bis es dick und hell ist, dann den Zucker unterrühren, bis die Masse hell und cremig ist. Kürbis- und Zitronensaft unterrühren. Die Mehlmischung unterheben. In einer sauberen Schüssel das Eiweiß steif schlagen. Unter die Kuchenmischung heben und in einer gefetteten und ausgelegten Biskuitrollenform (30 x 12 cm/12 x 8 Zoll) verteilen und die Walnüsse darüber streuen. Im vorgeheizten Backofen bei 190 °C/375 °F/Gas Stufe 5 10 Minuten backen, bis es sich federnd anfühlt. Den Puderzucker über ein sauberes Geschirrtuch (Spültuch) sieben und den Kuchen auf das Handtuch stürzen. Entfernen Sie das Backpapier, rollen Sie den Kuchen und das Handtuch auf und lassen Sie ihn abkühlen.

Für die Füllung den Zucker nach und nach unter den Frischkäse und die Vanilleessenz rühren, bis eine streichfähige Masse entsteht. Rollen Sie den Kuchen aus und verteilen Sie die Füllung darauf. Den Kuchen erneut aufrollen und vor dem Servieren kalt stellen, mit etwas Puderzucker bestreut servieren.

Rhabarber-Honig-Kuchen

Ergibt zwei 450 g/1 Pfund schwere Kuchen

250 g/9 oz/¾ Tasse klarer Honig

100 ml/4 fl oz/½ Tasse Öl

1 Ei

5 ml/1 TL Natron (Backpulver)

60 ml/4 EL Wasser

350 g/12 oz/3 Tassen Vollkornmehl

10 ml/2 TL Salz

350 g Rhabarber, fein gehackt

5 ml/1 TL Vanilleessenz (Extrakt)

50 g/2 oz/½ Tasse gehackte gemischte Nüsse (optional)

Für den Belag:

75 g/3 oz/1/3 Tasse Muscovado-Zucker

5 ml/1 TL gemahlener Zimt

15 g/½ oz/1 EL Butter oder Margarine, weich

Honig und Öl vermischen. Das Ei dazugeben und gut verrühren. Geben Sie das Natron in das Wasser und lassen Sie es auflösen. Mehl und Salz vermischen. Abwechselnd mit der Natronmischung zur Honigmischung geben. Rhabarber, Vanilleessenz und ggf. Nüsse unterrühren. In zwei gefettete 450-g-Kastenformen (Pfannen) füllen. Die Zutaten für den Belag vermischen und auf der Kuchenmasse verteilen. Im vorgeheizten Backofen bei 180 °C/350 °F/Gas Stufe 4 1 Stunde lang backen, bis es sich federnd anfühlt.

Süßkartoffelkuchen

Ergibt einen 23 cm großen Kuchen

300 g/11 oz/2¾ Tassen einfaches (Allzweck-)Mehl

15 ml/1 EL Backpulver

5 ml/1 TL gemahlener Zimt

5 ml/1 TL geriebene Muskatnuss

Eine Prise Salz

350 g/12 oz/1¾ Tassen Puderzucker (superfein).

375 ml/13 fl oz/1½ Tassen Öl

60 ml/4 EL abgekochtes Wasser

4 Eier, getrennt

225 g Süßkartoffeln, geschält und grob gerieben

100 g/4 oz/1 Tasse gehackte gemischte Nüsse

5 ml/1 TL Vanilleessenz (Extrakt)

Für die Glasur (Frosting):

225 g/8 oz/11/3 Tassen Puderzucker, gesiebt

50 g/2 oz/¼ Tasse Butter oder Margarine, weich

250 g/9 oz/1 mittelgroße Wanne Frischkäse

50 g/2 oz/½ Tasse gehackte gemischte Nüsse

Eine Prise gemahlener Zimt zum Bestreuen

Mehl, Backpulver, Zimt, Muskatnuss und Salz vermischen. Zucker und Öl verrühren, dann das kochende Wasser hinzufügen und verrühren, bis alles gut vermischt ist. Die Eigelb-Mehl-Mischung dazugeben und gut verrühren. Süßkartoffeln, Nüsse und Vanilleessenz unterrühren. Das Eiweiß steif schlagen und dann unter die Masse heben. Den Teig in zwei gefettete und bemehlte 23 cm große Kuchenformen (Pfannen) füllen und im vorgeheizten Backofen bei 180 °C/350 °F/Gas Stufe 4 40 Minuten lang backen, bis er sich federnd anfühlt. 5 Minuten in den Formen abkühlen lassen, dann zum Abkühlen auf ein Kuchengitter stürzen.

Puderzucker, Butter oder Margarine und die Hälfte des Frischkäses verrühren. Verteilen Sie die Hälfte des restlichen Frischkäses auf einem Kuchen und verteilen Sie dann die Glasur auf dem Käse. Die Kuchen zusammenlegen. Den restlichen Frischkäse darüber verteilen und vor dem Servieren die Nüsse und den Zimt darüber streuen.

Italienischer Mandelkuchen

Ergibt einen 20 cm großen Kuchen

1 Ei

150 ml/¼ pt/2/3 Tasse Milch

2,5 ml/½ TL Mandelessenz (Extrakt)

45 ml/3 EL Butter, geschmolzen

350 g/12 oz/3 Tassen einfaches (Allzweck-)Mehl

100 g/4 oz/½ Tasse Puderzucker (superfein).

10 ml/2 TL Backpulver

2,5 ml/½ TL Salz

1 Eiweiß

100 g/4 oz/1 Tasse Mandeln, gehackt

Das Ei in einer Schüssel verquirlen, dann nach und nach Milch, Mandelessenz und zerlassene Butter hinzufügen und dabei ständig verrühren. Mehl, Zucker, Backpulver und Salz hinzufügen und weiter verrühren, bis eine glatte Masse entsteht. Den Teig in eine gefettete und mit Backpapier ausgelegte Kuchenform (20 cm Durchmesser) füllen. Das Eiweiß schaumig schlagen, dann großzügig über den Kuchen streichen und mit den Mandeln bestreuen. Im vorgeheizten Backofen bei 220 °C/425 °F/Gas Stufe 7 25 Minuten backen, bis es goldbraun ist und sich federnd anfühlt.

Mandel-Kaffee-Torte

Ergibt einen 23 cm großen Kuchen

8 Eier, getrennt

175 g/6 oz/¾ Tasse Puderzucker (superfein).

60 ml/4 EL starker schwarzer Kaffee

175 g/6 oz/1½ Tassen gemahlene Mandeln

45 ml/3 EL Grieß (Weizenbrei)

100 g/4 oz/1 Tasse einfaches (Allzweck-)Mehl

Eigelb und Zucker schaumig schlagen, bis eine sehr dicke, cremige Masse entsteht. Kaffee, gemahlene Mandeln und Grieß dazugeben und gut verrühren. Mehl unterheben. Das Eiweiß steif schlagen und dann unter die Masse heben. In eine gefettete Kuchenform (23 cm/9 Zoll) geben und im vorgeheizten Ofen bei 180 °C/350 °F/Gas Stufe 4 45 Minuten lang backen, bis er sich federnd anfühlt.

Mandel-Honig-Kuchen

Ergibt einen 20 cm großen Kuchen

225 g/8 oz Karotten, gerieben

75 g/3 oz/¾ Tasse Mandeln, gehackt

2 Eier, geschlagen

100 ml/4 fl oz/½ Tasse klarer Honig

60 ml/4 EL Öl

150 ml/¼ pt/2/3 Tasse Milch

150 g/5 oz/1¼ Tassen Vollkornmehl

10 ml/2 TL Salz

10 ml/2 TL Natron (Backpulver)

15 ml/1 EL gemahlener Zimt

Karotten und Nüsse vermischen. Die Eier mit Honig, Öl und Milch verquirlen und dann unter die Karottenmischung rühren. Mehl, Salz, Natron und Zimt vermischen und unter die Karottenmischung rühren. Geben Sie die Mischung in eine gefettete und mit Backpapier ausgelegte quadratische Kuchenform (Pfanne) mit einem Durchmesser von 20 cm und backen Sie sie im vorgeheizten Ofen bei 150 °C/300 °F/Gasstufe 2 1¾ Stunden lang, bis ein in der Mitte gesteckter Spieß sauber herauskommt. Vor dem Stürzen 10 Minuten in der Form abkühlen lassen.

Mandel-Zitronen-Kuchen

Ergibt einen 23 cm großen Kuchen

25 g/1 oz/¼ Tasse Mandelblättchen

100 g/4 oz/½ Tasse Butter oder Margarine, weich

100 g/4 oz/½ Tasse weicher brauner Zucker

2 Eier, geschlagen

100 g/4 oz/1 Tasse selbstaufgehendes (selbstaufgehendes) Mehl

Abgeriebene Schale von 1 Zitrone

Für den Sirup:
75 g/3 oz/1/3 Tasse Puderzucker (superfein).

45–60 ml/3–4 EL Zitronensaft

Eine 23 cm große Kuchenform (Pfanne) einfetten, auslegen und die Mandeln über den Boden streuen. Butter und braunen Zucker schaumig rühren. Die Eier einzeln unterrühren, dann das Mehl und die Zitronenschale unterheben. In die vorbereitete Form geben und die Oberfläche glätten. Im vorgeheizten Backofen bei 180 °C/350 °F/Gas Stufe 4 20–25 Minuten backen, bis der Teig gut aufgegangen ist und sich federnd anfühlt.

In der Zwischenzeit den Puderzucker und den Zitronensaft in einer Pfanne unter gelegentlichem Rühren erhitzen, bis sich der Zucker aufgelöst hat. Den Kuchen aus dem Ofen nehmen und 2 Minuten abkühlen lassen, dann mit der Unterseite nach oben auf ein Kuchengitter stürzen. Den Sirup darüber geben und vollständig abkühlen lassen.

Mandelkuchen mit Orange

Ergibt einen 20 cm großen Kuchen

225 g/8 oz/1 Tasse Butter oder Margarine, weich

225 g/8 oz/1 Tasse Puderzucker (superfein).

4 Eier, getrennt

225 g/8 oz/2 Tassen einfaches (Allzweck-)Mehl

10 ml/2 TL Backpulver

50 g/2 oz/½ Tasse gemahlene Mandeln

5 ml/1 TL geriebene Orangenschale

Butter oder Margarine und Zucker schaumig rühren, bis die Masse leicht und locker ist. Eigelb unterrühren, dann Mehl, Backpulver, gemahlene Mandeln und Orangenschale unterheben. Das Eiweiß steif schlagen und dann mit einem Metalllöffel unter die Masse heben. In eine gefettete und ausgelegte Kuchenform (Pfanne) mit 20 cm Durchmesser geben und im vorgeheizten Backofen bei 180 °C/350 °F/Gas Stufe 4 1 Stunde lang backen, bis ein in der Mitte gesteckter Spieß sauber herauskommt.

Reichhaltiger Mandelkuchen

Ergibt einen 18 cm großen Kuchen

100 g/4 oz/½ Tasse Butter oder Margarine, weich

150 g/5 oz/2/3 Tasse Puderzucker (superfein).

3 Eier, leicht geschlagen

75 g/3 oz/¾ Tasse gemahlene Mandeln

50 g/2 oz/½ Tasse einfaches (Allzweck-)Mehl

Ein paar Tropfen Mandelessenz (Extrakt)

Butter oder Margarine und Zucker schaumig rühren, bis die Masse leicht und locker ist. Nach und nach die Eier unterrühren, dann die gemahlenen Mandeln, das Mehl und das Mandelessenz unterheben. In eine gefettete und mit Backpapier ausgelegte Kuchenform (Pfanne) von 18 cm Durchmesser geben und im vorgeheizten Ofen bei 180 °C/350 °F/Gas Stufe 4 45 Minuten lang backen, bis er sich federnd anfühlt.

Schwedischer Makronenkuchen

Ergibt einen 23 cm großen Kuchen

100 g/4 oz/1 Tasse gemahlene Mandeln

75 g/3 oz/1/3 Tasse Kristallzucker

5 ml/1 TL Backpulver

2 große Eiweiße, verquirlt

Mandeln, Zucker und Backpulver vermischen. Das Eiweiß unterrühren, bis die Masse dick und glatt ist. Den Teig in eine gefettete und mit Backpapier ausgelegte Sandwichform (23 cm/9 Zoll) füllen und im vorgeheizten Backofen bei 160 °C/325 °F/Gas Stufe 3 20–25 Minuten backen, bis er aufgegangen und goldbraun ist. Vorsichtig aus der Form stürzen, da der Kuchen zerbrechlich ist.

Kokosnussbrot

Ergibt ein 450 g/1 Pfund schweres Brot

100 g/4 oz/1 Tasse selbstaufgehendes (selbstaufgehendes) Mehl

225 g/8 oz/1 Tasse Puderzucker (superfein).

100 g/4 oz/1 Tasse getrocknete (geschredderte) Kokosnuss

1 Ei

120 ml/4 fl oz/½ Tasse Milch

Eine Prise Salz

Alle Zutaten gut vermischen und in eine gefettete und ausgekleidete 450-g-Kastenform (Pfanne) geben. Im vorgeheizten Backofen bei 180 °C/350 °F/Gas Stufe 4 etwa 1 Stunde backen, bis es goldbraun und federnd aussieht.

Kokosnusskuchen

Ergibt einen 23 cm großen Kuchen

75 g/3 oz/1/3 Tasse Butter oder Margarine

150 ml/¼ pt/2/3 Tasse Milch

2 Eier, leicht geschlagen

225 g/8 oz/1 Tasse Puderzucker (superfein).

150 g/5 oz/1¼ Tassen selbstaufgehendes (selbstaufgehendes) Mehl

Eine Prise Salz

>Für den Belag:

100 g Butter oder Margarine

75 g/3 oz/¾ Tasse getrocknete (geschredderte) Kokosnuss

60 ml/4 EL klarer Honig

45 ml/3 EL Milch

50 g/2 oz/¼ Tasse weicher brauner Zucker

Butter oder Margarine in der Milch schmelzen und etwas abkühlen lassen. Eier und Puderzucker schaumig schlagen, dann die Butter-Milch-Mischung unterrühren. Mehl und Salz einrühren, bis eine ziemlich dünne Masse entsteht. Den Teig in eine gefettete und mit Backpapier ausgelegte Kuchenform (23 cm/9 Zoll) füllen und im vorgeheizten Ofen bei 180 °C/350 °F/Gas Stufe 4 40 Minuten lang backen, bis er goldbraun ist und sich federnd anfühlt.

In der Zwischenzeit die Topping-Zutaten in einer Pfanne zum Kochen bringen. Den noch warmen Kuchen aus der Form stürzen und die Topping-Mischung darauf verteilen. Einige Minuten unter einen heißen Grill (Grill) legen, bis der Belag gerade anfängt zu bräunen.

Goldener Kokosnusskuchen

Ergibt einen 20 cm großen Kuchen

100 g/4 oz/½ Tasse Butter oder Margarine, weich

200 g/7 oz/knapp 1 Tasse Puderzucker (superfein).

200 g/7 oz/1¾ Tassen einfaches (Allzweck-)Mehl

10 ml/2 TL Backpulver

Eine Prise Salz

175 ml/6 fl oz/¾ Tasse Milch

3 Eiweiß

Für die Füllung und das Topping:

150 g/5 oz/1¼ Tassen getrocknete (zerkleinerte) Kokosnuss

200 g/7 oz/knapp 1 Tasse Puderzucker (superfein).

120 ml/4 fl oz/½ Tasse Milch

120 ml/4 fl oz/½ Tasse Wasser

3 Eigelb

Butter oder Margarine und Zucker schaumig rühren, bis die Masse leicht und locker ist. Mehl, Backpulver und Salz abwechselnd mit Milch und Wasser unter die Masse rühren, bis ein glatter Teig entsteht. Das Eiweiß steif schlagen und dann unter den Teig heben. Geben Sie die Mischung in zwei gefettete Kuchenformen (20 cm Durchmesser) und backen Sie sie im vorgeheizten Ofen bei 180 °C/350 °F/Gasstufe 4 25 Minuten lang, bis sie sich federnd anfühlt. Abkühlen lassen.

Kokosnuss, Zucker, Milch und Eigelb in einer kleinen Pfanne vermischen. Unter ständigem Rühren einige Minuten bei schwacher Hitze erhitzen, bis die Eier gar sind. Abkühlen lassen. Legen Sie die Hälfte der Kokosnussmischung auf die Kuchen und geben Sie den Rest darauf.

Kokos-Schichtkuchen

Ergibt einen 9 x 18 cm großen Kuchen

100 g/4 oz/½ Tasse Butter oder Margarine, weich

175 g/6 oz/¾ Tasse Puderzucker (superfein).

3 Eier

175 g/6 oz/1½ Tassen einfaches (Allzweck-)Mehl

5 ml/1 TL Backpulver

175 g/6 oz/1 Tasse Sultaninen (goldene Rosinen)

120 ml/4 fl oz/½ Tasse Milch

6 einfache Kekse (Kekse), zerkleinert

100 g/4 oz/½ Tasse weicher brauner Zucker

100 g/4 oz/1 Tasse getrocknete (geschredderte) Kokosnuss

Butter oder Margarine und Puderzucker schaumig rühren, bis eine leichte, lockere Masse entsteht. Zwei Eier nach und nach unterrühren, dann abwechselnd mit der Milch Mehl, Backpulver und Sultaninen unterheben. Die Hälfte der Mischung in eine gefettete und ausgekleidete 450-g-Kastenform (Pfanne) geben. Das restliche Ei mit den Keksbröseln, dem braunen Zucker und der Kokosnuss vermischen und in die Form streuen. Die restliche Mischung dazugeben und im vorgeheizten Ofen bei 180 °C/350 °F/Gas Stufe 4 1 Stunde lang backen. 30 Minuten in der Form abkühlen lassen, dann zum Abkühlen auf ein Kuchengitter stürzen.

Kokos-Zitronen-Kuchen

Ergibt einen 20 cm großen Kuchen

100 g/4 oz/½ Tasse Butter oder Margarine, weich

75 g/3 oz/1/3 Tasse weicher brauner Zucker

Abgeriebene Schale von 1 Zitrone

1 Ei, geschlagen

Ein paar Tropfen Mandelessenz (Extrakt)

350 g/12 oz/3 Tassen selbstaufgehendes (selbstaufgehendes) Mehl

60 ml/4 EL Himbeermarmelade (konserviert)

Für den Belag:

1 Ei, geschlagen

75 g/3 oz/1/3 Tasse weicher brauner Zucker

225 g/8 oz/2 Tassen getrocknete (geschredderte) Kokosnuss

Butter oder Margarine, Zucker und Zitronenschale schaumig schlagen. Ei und Mandelessenz nach und nach unterrühren, dann das Mehl unterheben. Geben Sie die Mischung in eine gefettete und mit Backpapier ausgelegte Kuchenform (20 cm Durchmesser). Die Marmelade über die Mischung geben. Die Topping-Zutaten verrühren und auf der Mischung verteilen. Im vorgeheizten Backofen bei 180 °C/350 °F/Gas Stufe 4 30 Minuten backen, bis es sich federnd anfühlt. In der Form abkühlen lassen.

Kokosnuss-Neujahrskuchen

Ergibt einen 18 cm großen Kuchen

100 g/4 oz/½ Tasse Butter oder Margarine, weich

100 g/4 oz/½ Tasse Puderzucker (superfein).

2 Eier, leicht geschlagen

75 g/3 oz/¾ Tasse einfaches (Allzweck-)Mehl

45 ml/3 EL getrocknete (geraspelte) Kokosnuss

30 ml/2 EL Rum

Ein paar Tropfen Mandelessenz (Extrakt)

Ein paar Tropfen Zitronenessenz (Extrakt)

Butter und Zucker schaumig rühren, bis eine leichte, lockere Masse entsteht. Nach und nach die Eier unterrühren, dann das Mehl und die Kokosnuss unterheben. Rum und Essenzen unterrühren. Den Teig in eine gefettete und mit Backpapier ausgelegte Kuchenform (18 cm Durchmesser) füllen und die Oberfläche ebnen. Im vorgeheizten Backofen bei 190 °C/375 °F/Gas Stufe 5 45 Minuten backen, bis ein in der Mitte gesteckter Spieß sauber herauskommt. In der Form abkühlen lassen.

Kokos-Sultaninen-Kuchen

Ergibt einen 23 cm großen Kuchen

100 g/4 oz/½ Tasse Butter oder Margarine, weich

175 g/6 oz/¾ Tasse Puderzucker (superfein).

2 Eier, leicht geschlagen

175 g/6 oz/1½ Tassen einfaches (Allzweck-)Mehl

5 ml/1 TL Backpulver

Eine Prise Salz

175 g/6 oz/1 Tasse Sultaninen (goldene Rosinen)

120 ml/4 fl oz/½ Tasse Milch

Für die Füllung:

1 Ei, leicht geschlagen

50 g/2 oz/½ Tasse einfache Kekskrümel

100 g/4 oz/½ Tasse weicher brauner Zucker

100 g/4 oz/1 Tasse getrocknete (geschredderte) Kokosnuss

Butter oder Margarine und Puderzucker schaumig rühren, bis eine leichte, lockere Masse entsteht. Nach und nach die Eier unterrühren. Mehl, Backpulver, Salz und Sultaninen mit so viel Milch unterheben, dass eine weiche Tropfenkonsistenz entsteht. Die Hälfte der Mischung in eine gefettete Kuchenform (23 cm/9 Zoll) geben. Mischen Sie die Zutaten für die Füllung und geben Sie einen Löffel darüber. Geben Sie dann die restliche Kuchenmischung darauf. Im vorgeheizten Backofen bei 180 °C/350 °F/Gas Stufe 4 1 Stunde lang backen, bis es sich federnd anfühlt und anfängt, sich vom Rand der Form zu lösen. Vor dem Stürzen in der Form abkühlen lassen.

Knusprig belegter Nusskuchen

Ergibt einen 23 cm großen Kuchen

225 g/8 oz/1 Tasse Butter oder Margarine, weich

225 g/8 oz/1 Tasse Puderzucker (superfein).

2 Eier, leicht geschlagen

225 g/8 oz/2 Tassen einfaches (Allzweck-)Mehl

2,5 ml/½ TL Natron (Backpulver)

2,5 ml/½ TL Weinstein

200 ml/7 fl oz/knapp 1 Tasse Milch

Für den Belag:
100 g/4 oz/1 Tasse gehackte gemischte Nüsse

100 g/4 oz/½ Tasse weicher brauner Zucker

5 ml/1 TL gemahlener Zimt

Butter oder Margarine und Puderzucker schaumig rühren, bis eine leichte, lockere Masse entsteht. Nach und nach die Eier unterrühren, dann abwechselnd mit der Milch Mehl, Natron und Weinstein unterheben. Den Teig in eine gefettete und mit Backpapier ausgelegte Kuchenform (23 cm/9 Zoll) füllen. Nüsse, braunen Zucker und Zimt vermischen und über den Kuchen streuen. Im vorgeheizten Backofen bei 180 °C/350 °F/Gas Stufe 4 40 Minuten backen, bis sie goldbraun sind und sich vom Rand der Form lösen. 10 Minuten in der Form abkühlen lassen, dann zum Abkühlen auf ein Kuchengitter stürzen.

Gemischter Nusskuchen

Ergibt einen 23 cm großen Kuchen

100 g/4 oz/½ Tasse Butter oder Margarine, weich

225 g/8 oz/1 Tasse Puderzucker (superfein).

1 Ei, geschlagen

225 g/8 oz/2 Tassen selbstaufgehendes (selbstaufgehendes) Mehl

10 ml/2 TL Backpulver

Eine Prise Salz

250 ml/8 fl oz/1 Tasse Milch

5 ml/1 TL Vanilleessenz (Extrakt)

2,5 ml/½ TL Zitronenessenz (Extrakt)

100 g/4 oz/1 Tasse gehackte gemischte Nüsse

Butter oder Margarine und Zucker schaumig rühren, bis die Masse leicht und locker ist. Nach und nach das Ei unterrühren. Mehl, Backpulver und Salz vermischen und abwechselnd mit der Milch und den Essenzen zur Masse geben. Nüsse unterheben. Den Teig in zwei gefettete und mit Backpapier ausgelegte Kuchenformen (23 cm) füllen und im vorgeheizten Backofen bei 180 °F/350 °F/Gas Stufe 4 40 Minuten lang backen, bis ein in der Mitte gesteckter Spieß sauber herauskommt.

Griechischer Nusskuchen

Ergibt einen 25 cm großen Kuchen

100 g/4 oz/½ Tasse Butter oder Margarine, weich

225 g/8 oz/1 Tasse Puderzucker (superfein).

3 Eier, leicht geschlagen

250 g/9 oz/2¼ Tassen einfaches (Allzweck-)Mehl

225 g/8 oz/2 Tassen Walnüsse, gemahlen

10 ml/2 TL Backpulver

5 ml/1 TL gemahlener Zimt

1,5 ml/¼ TL gemahlene Nelken

Eine Prise Salz

75 ml/5 EL Milch

Für den Honigsirup:

175 g/6 oz/¾ Tasse Puderzucker (superfein).

75 g/3 oz/¼ Tasse klarer Honig

15 ml/1 EL Zitronensaft

250 ml/8 fl oz/1 Tasse kochendes Wasser

Butter oder Margarine und Zucker schaumig rühren, bis die Masse leicht und locker ist. Nach und nach die Eier unterrühren, dann Mehl, Walnüsse, Backpulver, Gewürze und Salz unterheben. Die Milch hinzufügen und glatt rühren. In eine gefettete und bemehlte Kuchenform (25 cm/10 Zoll) geben und im vorgeheizten Ofen bei 180 °C/350 °F/Gas Stufe 4 40 Minuten lang backen, bis er sich federnd anfühlt. 10 Minuten in der Form abkühlen lassen, dann auf ein Kuchengitter stellen.

Für den Sirup Zucker, Honig, Zitronensaft und Wasser vermischen und erhitzen, bis sich der Sirup aufgelöst hat. Stechen Sie den warmen Kuchen rundherum mit einer Gabel ein und geben Sie dann den Honigsirup darüber.

Geeister Walnusskuchen

Ergibt einen 18 cm großen Kuchen

100 g/4 oz/½ Tasse Butter oder Margarine, weich

100 g/4 oz/½ Tasse Puderzucker (superfein).

2 Eier, leicht geschlagen

100 g/4 oz/1 Tasse selbstaufgehendes (selbstaufgehendes) Mehl

100 g/4 oz/1 Tasse Walnüsse, gehackt

Eine Prise Salz

Für die Glasur (Frosting):
450 g/1 Pfund/2 Tassen Kristallzucker

150 ml/¼ pt/2/3 Tasse Wasser

2 Eiweiß

Ein paar Walnusshälften zum Verzieren

Butter oder Margarine und Puderzucker schaumig rühren, bis eine leichte, lockere Masse entsteht. Nach und nach die Eier unterrühren, dann Mehl, Nüsse und Salz unterheben. Geben Sie die Mischung in zwei gefettete und mit Backpapier ausgelegte Kuchenformen (Pfannen) mit einem Durchmesser von 18 cm und backen Sie sie im vorgeheizten Ofen bei 180 °C/350 °F/Gasstufe 4 25 Minuten lang, bis sie gut aufgegangen ist und sich federnd anfühlt. Abkühlen lassen.

Den Kristallzucker bei schwacher Hitze unter ständigem Rühren im Wasser auflösen, dann zum Kochen bringen und ohne Rühren weiterkochen, bis ein Tropfen der Mischung beim Eintropfen in kaltes Wasser eine weiche Kugel bildet. In der Zwischenzeit das Eiweiß in einer sauberen Schüssel steif schlagen. Gießen Sie den Sirup über das Eiweiß und schlagen Sie, bis die Mischung dick genug ist, um die Rückseite eines Löffels zu bedecken. Legen Sie eine Schicht Zuckerguss auf die Kuchen, verteilen Sie den Rest auf der Oberseite und an den Seiten des Kuchens und dekorieren Sie ihn mit Walnusshälften.

Walnusskuchen mit Schokoladencreme

Ergibt einen 18 cm großen Kuchen

3 Eier

75 g/3 oz/1/3 Tasse weicher brauner Zucker

50 g/2 oz/½ Tasse Vollkornmehl

25 g/1 oz/¼ Tasse Kakaopulver (ungesüßte Schokolade).

Für die Glasur (Frosting):

150 g/5 oz/1¼ Tassen einfache (halbsüße) Schokolade

225 g/8 oz/1 Tasse fettarmer Frischkäse

45 ml/3 EL Puderzucker, gesiebt

75 g/3 oz/¾ Tasse Walnüsse, gehackt

15 ml/1 EL Brandy (optional)

Zum Garnieren geraspelte Schokolade

Eier und braunen Zucker verquirlen, bis die Masse hell und dick ist. Mehl und Kakao unterheben. Geben Sie die Mischung in zwei gefettete und mit Backpapier ausgelegte Sandwichformen (Pfannen) von 18 cm Durchmesser und backen Sie sie im vorgeheizten Ofen bei 190 °C/375 °F/Gasstufe 5 15–20 Minuten lang, bis sie gut aufgegangen ist und sich federnd anfühlt. Aus den Formen nehmen und abkühlen lassen.

Die Schokolade in einer hitzebeständigen Schüssel schmelzen, die über einem Topf mit leicht siedendem Wasser steht. Vom Herd nehmen und Frischkäse und Puderzucker unterrühren, dann die

Nüsse und den Brandy (falls verwendet) unterrühren. Die Kuchen mit dem Großteil der Füllung zusammenlegen und den Rest darauf verteilen. Mit geriebener Schokolade garnieren.

Walnusskuchen mit Honig und Zimt

Ergibt einen 23 cm großen Kuchen

225 g/8 oz/2 Tassen einfaches (Allzweck-)Mehl

10 ml/2 TL Backpulver

5 ml/1 TL Natron (Backpulver)

5 ml/1 TL gemahlener Zimt

Eine Prise Salz

100 g/4 oz/1 Tasse Naturjoghurt

75 ml/5 EL Öl

100 g/4 oz/1/3 Tasse klarer Honig

1 Ei, leicht geschlagen

5 ml/1 TL Vanilleessenz (Extrakt)

Für die Füllung:

50 g/2 oz/½ Tasse gehackte Walnüsse

225 g/8 oz/1 Tasse weicher brauner Zucker

10 ml/2 TL gemahlener Zimt

30 ml/2 EL Öl

Die trockenen Zutaten für den Kuchen vermischen und in der Mitte eine Mulde formen. Die restlichen Kuchenzutaten verrühren und unter die trockenen Zutaten mischen. Die Zutaten für die Füllung vermischen. Die Hälfte der Kuchenmasse in eine gefettete und bemehlte Kuchenform (23 cm Durchmesser) geben und mit der Hälfte der Füllung bestreuen. Die restliche Kuchenmischung und dann die restliche Füllung hinzufügen. Im vorgeheizten Backofen bei 180 °C/350 °F/Gas Stufe 4 30 Minuten backen, bis der Teig gut aufgegangen und goldbraun ist und anfängt, sich vom Rand der Form zu lösen.

Mandel-Honig-Riegel

Ergibt 10

15 g/½ oz frische Hefe oder 20 ml/4 TL Trockenhefe

45 ml/3 EL feinster Zucker

120 ml/4 fl oz/½ Tasse warme Milch

300 g/11 oz/2¾ Tassen einfaches (Allzweck-)Mehl

Eine Prise Salz

1 Ei, leicht geschlagen

50 g/2 oz/¼ Tasse Butter oder Margarine, weich

300 ml/½ pt/1¼ Tassen doppelte (starke) Sahne

30 ml/2 EL Puderzucker, gesiebt

45 ml/3 EL klarer Honig

300 g/11 oz/2¾ Tassen Mandelblättchen

Hefe, 5 ml/1 TL Puderzucker und etwas Milch verrühren und an einem warmen Ort 20 Minuten schaumig rühren. Restlichen Zucker mit Mehl und Salz vermischen und in der Mitte eine Mulde formen. Nach und nach Ei, Butter oder Margarine, Hefemischung und die restliche warme Milch unterrühren und zu einem weichen Teig verrühren. Auf einer leicht bemehlten Oberfläche glatt und elastisch kneten. In eine geölte Schüssel geben, mit geölter Frischhaltefolie (Plastikfolie) abdecken und 45 Minuten an einem warmen Ort stehen lassen, bis sich das Volumen verdoppelt hat.

Den Teig noch einmal durchkneten, dann ausrollen und in eine gefettete Kuchenform (Pfanne) von 30 x 20 cm (12 x 8 Zoll) legen, mit einer Gabel rundherum einstechen, abdecken und 10 Minuten an einem warmen Ort gehen lassen.

120 ml/4 fl oz/½ Tasse Sahne, Puderzucker und Honig in einen kleinen Topf geben und zum Kochen bringen. Vom Herd nehmen und die Mandeln untermischen. Auf dem Teig verteilen und dann im vorgeheizten Ofen bei 200 °C/400 °F/Gas Stufe 6 20 Minuten lang backen, bis er sich goldbraun und federnd anfühlt. Falls die Oberseite zuvor zu stark zu bräunen beginnt, mit Backpapier (Gewachspapier) abdecken das Ende des Garvorgangs. Herausnehmen und abkühlen lassen.

Den Kuchen horizontal halbieren. Restliche Sahne steif schlagen und auf der unteren Kuchenhälfte verteilen. Die mit Mandeln bedeckte Kuchenhälfte darauflegen und in Riegel schneiden.

Apfel- und Johannisbeer-Streuselriegel

Ergibt 12

175 g/6 oz/1½ Tassen einfaches (Allzweck-)Mehl

5 ml/1 TL Backpulver

Eine Prise Salz

175 g/6 oz/¾ Tasse Butter oder Margarine

225 g/8 oz/1 Tasse weicher brauner Zucker

100 g/4 oz/1 Tasse Haferflocken

450 g Kochäpfel (säuerlich), geschält, entkernt und in Scheiben geschnitten

30 ml/2 EL Speisestärke (Maisstärke)

10 ml/2 TL gemahlener Zimt

2,5 ml/½ TL geriebene Muskatnuss

2,5 ml/½ TL gemahlener Piment

225 g schwarze Johannisbeeren

Mehl, Backpulver und Salz vermischen, dann Butter oder Margarine einrühren. Zucker und Haferflocken unterrühren. Die Hälfte davon auf den Boden einer gefetteten und mit Backpapier ausgelegten quadratischen Kuchenform (25 cm/9 Zoll) geben. Äpfel, Speisestärke und Gewürze vermischen und darüber verteilen. Mit den schwarzen Johannisbeeren belegen. Die restliche Mischung darüber geben und die Oberseite glatt streichen. Im vorgeheizten Backofen bei 180 °C/350 °F/Gas Stufe 4 30 Minuten backen, bis der Teig federnd ist. Abkühlen lassen, dann in Riegel schneiden.

Aprikosen- und Haferflockenriegel

Macht 24

75 g/3 oz/½ Tasse getrocknete Aprikosen

25 g/1 oz/3 EL Sultaninen (goldene Rosinen)

250 ml/8 fl oz/1 Tasse Wasser

5 ml/1 TL Zitronensaft

150 g/5 oz/2/3 Tasse weicher brauner Zucker

50 g/2 oz/½ Tasse getrocknete (zerkleinerte) Kokosnuss

50 g/2 oz/½ Tasse einfaches (Allzweck-)Mehl

2,5 ml/½ TL Natron (Backpulver)

100 g/4 oz/1 Tasse Haferflocken

50 g/2 oz/¼ Tasse Butter, geschmolzen

Aprikosen, Sultaninen, Wasser, Zitronensaft und 30 ml/2 EL braunen Zucker in einen kleinen Topf geben und bei schwacher Hitze verrühren, bis eine dicke Masse entsteht. Kokosnuss unterrühren und abkühlen lassen. Mehl, Natron, Haferflocken und den restlichen Zucker vermischen und die geschmolzene Butter unterrühren. Drücken Sie die Hälfte der Hafermischung auf den Boden einer gefetteten quadratischen Backform (20 cm/8 Zoll) und verteilen Sie dann die Aprikosenmischung darauf. Mit der restlichen Hafermischung bedecken und leicht andrücken. Im vorgeheizten Backofen bei 180 °C/350 °F/Gas Stufe 4 30 Minuten goldbraun backen. Abkühlen lassen, dann in Riegel schneiden.

Aprikosen-Crunchies

Macht 16

100 g/4 oz/2/3 Tasse verzehrfertige getrocknete Aprikosen

120 ml/4 fl oz/½ Tasse Orangensaft

100 g Butter oder Margarine

75 g/3 oz/¾ Tasse Vollkornmehl

75 g/3 oz/¾ Tasse Haferflocken

75 g/3 oz/1/3 Tasse Demerara-Zucker

Die Aprikosen im Orangensaft mindestens 30 Minuten einweichen, bis sie weich sind, dann abtropfen lassen und hacken. Reiben Sie Butter oder Margarine in das Mehl, bis die Mischung wie Semmelbrösel aussieht. Haferflocken und Zucker unterrühren. Die Hälfte der Masse in eine gefettete Biskuitrollenform (30 x 20 cm/12 x 8 Zoll) drücken und mit den Aprikosen bestreuen. Die restliche Masse darauf verteilen und leicht andrücken. Im vorgeheizten Backofen bei 180 °C/350 °F/Gas Stufe 4 25 Minuten goldbraun backen. Lassen Sie es in der Form abkühlen, bevor Sie es stürzen und in Riegel schneiden.

Nussige Bananenriegel

Ergibt etwa 14

50 g/2 oz/¼ Tasse Butter oder Margarine, weich

75 g/3 oz/1/3 Tasse Zucker (superfein) oder weicher brauner Zucker

2 große Bananen, gehackt

175 g/6 oz/1½ Tassen einfaches (Allzweck-)Mehl

7,5 ml/1½ TL Backpulver

2 Eier, geschlagen

50 g/2 oz/½ Tasse Walnüsse, grob gehackt

Butter oder Margarine und Zucker schaumig rühren. Die Bananen zerdrücken und unter die Mischung rühren. Mehl und Backpulver mischen. Mehl, Eier und Nüsse zur Bananenmischung geben und gut verrühren. Den Teig in eine gefettete und mit Backpapier ausgelegte Kuchenform (18 x 28 cm/7 x 11 Zoll) füllen, die Oberfläche glätten und im vorgeheizten Backofen bei 160 °C/325 °F/Gas Stufe 3 30–35 Minuten backen, bis er sich federnd anfühlt. Einige Minuten in der Form abkühlen lassen und dann zum Abkühlen auf ein Kuchengitter stürzen. In ca. 14 Riegel schneiden.

Amerikanische Brownies

Ergibt etwa 15

2 große Eier

225 g/8 oz/1 Tasse Puderzucker (superfein).

50 g/2 oz/¼ Tasse Butter oder Margarine, geschmolzen

2,5 ml/½ TL Vanilleessenz (Extrakt)

75 g/3 oz/¾ Tasse einfaches (Allzweck-)Mehl

45 ml/3 EL Kakaopulver (ungesüßte Schokolade).

2,5 ml/½ TL Backpulver

Eine Prise Salz

50 g/2 oz/½ Tasse Walnüsse, grob gehackt

Eier und Zucker verrühren, bis eine dicke, cremige Masse entsteht. Butter und Vanilleessenz unterrühren. Mehl, Kakao, Backpulver und Salz sieben und mit den Walnüssen unter die Masse heben. In eine gut gefettete quadratische Kuchenform (20 cm/8 Zoll) füllen. Im vorgeheizten Backofen bei 180 °C/350 °F/Gas Stufe 4 40–45 Minuten backen, bis es sich federnd anfühlt. 10 Minuten in der Form ruhen lassen, dann in Quadrate schneiden und noch warm auf ein Kuchengitter legen.

Schokoladen-Fudge-Brownies

Ergibt etwa 16

225 g/8 oz/1 Tasse Butter oder Margarine

175 g/6 oz/¾ Tasse Kristallzucker

350 g/12 oz/3 Tassen selbstaufgehendes (selbstaufgehendes) Mehl

30 ml/2 EL Kakaopulver (ungesüßte Schokolade).

Für die Glasur (Frosting):
175 g/6 oz/1 Tasse Puderzucker, gesiebt

30 ml/2 EL Kakaopulver (ungesüßte Schokolade).

Kochendes Wasser

Butter oder Margarine schmelzen, dann den Kristallzucker einrühren. Mehl und Kakao unterrühren. In eine mit Backpapier ausgelegte Backform (Pfanne) von 18 x 28 cm/7 x 11 Zoll drücken. Im vorgeheizten Backofen bei 180 °C/350 °F/Gas Stufe 4 etwa 20 Minuten backen, bis es sich federnd anfühlt.

Für die Glasur Puderzucker und Kakao in eine Schüssel sieben und einen Tropfen kochendes Wasser hinzufügen. Rühren Sie, bis alles gut vermischt ist, und geben Sie bei Bedarf noch etwa einen Tropfen Wasser hinzu. Die Brownies noch warm (aber nicht heiß) glasieren und dann abkühlen lassen, bevor sie in Quadrate geschnitten werden.

Walnuss- und Schokoladen-Brownies

Ergibt 12

50 g/2 oz/½ Tasse einfache (halbsüße) Schokolade

75 g/3 oz/1/3 Tasse Butter oder Margarine

225 g/8 oz/1 Tasse Puderzucker (superfein).

75 g/3 oz/¾ Tasse einfaches (Allzweck-)Mehl

75 g/3 oz/¾ Tasse Walnüsse, gehackt

50 g/2 oz/½ Tasse Schokoladenstückchen

2 Eier, geschlagen

2,5 ml/½ TL Vanilleessenz (Extrakt)

Schokolade und Butter oder Margarine in einer hitzebeständigen Schüssel über einem Topf mit leicht siedendem Wasser schmelzen. Vom Herd nehmen und die restlichen Zutaten unterrühren. In eine gefettete und mit Backpapier ausgelegte Kuchenform (Pfanne) mit 20 cm Durchmesser geben und im vorgeheizten Backofen bei 180 °C/350 °F/Gas Stufe 4 30 Minuten lang backen, bis ein in der Mitte gesteckter Spieß sauber herauskommt. In der Form abkühlen lassen und dann in Quadrate schneiden.

Butterriegel

Macht 16

100 g/4 oz/½ Tasse Butter oder Margarine, weich

100 g/4 oz/½ Tasse Puderzucker (superfein).

1 Ei, getrennt

100 g/4 oz/1 Tasse einfaches (Allzweck-)Mehl

25 g/1 oz/¼ Tasse gehackte gemischte Nüsse

Butter oder Margarine und Zucker schaumig rühren, bis die Masse leicht und locker ist. Das Eigelb unterrühren, dann das Mehl und die Nüsse unterrühren, bis eine ziemlich steife Masse entsteht. Wenn es zu steif ist, etwas Milch hinzufügen; Sollte es flüssig sein, noch etwas Mehl unterrühren. Den Teig in eine gefettete Biskuitrollenform (30 x 20 cm/12 x 8 Zoll) füllen. Das Eiweiß schaumig schlagen und auf der Masse verteilen. Im vorgeheizten Backofen bei 180 °C/350 °F/Gas Stufe 4 30 Minuten goldbraun backen. Abkühlen lassen, dann in Riegel schneiden.

Kirsch-Toffee-Traybake

Ergibt 12

100 g/4 oz/1 Tasse Mandeln

225 g/8 oz/1 Tasse glacierte (kandierte) Kirschen, halbiert

225 g/8 oz/1 Tasse Butter oder Margarine, weich

225 g/8 oz/1 Tasse Puderzucker (superfein).

3 Eier, geschlagen

100 g/4 oz/1 Tasse selbstaufgehendes (selbstaufgehendes) Mehl

50 g/2 oz/½ Tasse gemahlene Mandeln

5 ml/1 TL Backpulver

5 ml/1 TL Mandelessenz (Extrakt)

Streuen Sie die Mandeln und Kirschen über den Boden einer gefetteten und mit Backpapier ausgelegten Kuchenform (20 cm Durchmesser). 50 g/2 oz/¼ Tasse Butter oder Margarine mit 50 g/2 oz/¼ Tasse Zucker schmelzen und dann über die Kirschen und Nüsse gießen. Restliche Butter oder Margarine und Zucker schaumig schlagen, dann die Eier unterrühren und Mehl, gemahlene Mandeln, Backpulver und Mandelessenz untermischen. Die Mischung in die Form geben und den Deckel glatt streichen. Im vorgeheizten Backofen bei 160 °C/325 °F/Gas Stufe 3 1 Stunde backen. Einige Minuten in der Form abkühlen lassen, dann vorsichtig auf ein Kuchengitter stürzen und bei Bedarf den Belag vom Backpapier abkratzen. Vor dem Schneiden vollständig abkühlen lassen.

Chocolate Chip Traybake

Macht 24

100 g/4 oz/½ Tasse Butter oder Margarine, weich

100 g/4 oz/½ Tasse weicher brauner Zucker

50 g/2 oz/¼ Tasse Puderzucker (superfein).

1 Ei

5 ml/1 TL Vanilleessenz (Extrakt)

100 g/4 oz/1 Tasse einfaches (Allzweck-)Mehl

2,5 ml/½ TL Natron (Backpulver)

Eine Prise Salz

100 g/4 oz/1 Tasse Schokoladenstückchen

Butter oder Margarine und Zucker schaumig rühren, bis eine leichte, lockere Masse entsteht, dann nach und nach das Ei und die Vanilleessenz hinzufügen. Mehl, Natron und Salz unterrühren. Die Schokoladenstückchen unterrühren. In eine gefettete und bemehlte quadratische Backform (Pfanne) mit einem Durchmesser von 25 cm/12 Zoll geben und im vorgeheizten Backofen bei 190 °C/375 °F/Gas Stufe 2 15 Minuten lang goldbraun backen. Abkühlen lassen, dann in Quadrate schneiden.

Zimt-Streusel-Schicht

Ergibt 12

Für die Basis:

100 g/4 oz/½ Tasse Butter oder Margarine, weich

30 ml/2 EL klarer Honig

2 Eier, leicht geschlagen

100 g/4 oz/1 Tasse einfaches (Allzweck-)Mehl

Für den Streusel:

75 g/3 oz/1/3 Tasse Butter oder Margarine

75 g/3 oz/¾ Tasse einfaches (Allzweck-)Mehl

75 g/3 oz/¾ Tasse Haferflocken

5 ml/1 TL gemahlener Zimt

50 g/2 oz/¼ Tasse Demerara-Zucker

Butter oder Margarine und Honig cremig rühren, bis die Masse leicht und locker ist. Nach und nach die Eier unterrühren, dann das Mehl unterheben. Die Hälfte der Mischung in eine gefettete quadratische Kuchenform (20 cm/8 Zoll) geben und die Oberfläche ebnen.

Um die Streusel zuzubereiten, reiben Sie Butter oder Margarine in das Mehl, bis die Mischung wie Semmelbrösel aussieht. Haferflocken, Zimt und Zucker unterrühren. Die Hälfte der Streusel in die Form geben, dann die restliche Kuchenmischung und dann die restlichen Streusel darauf verteilen. Im vorgeheizten Backofen bei 190 °C/375 °F/Gas Stufe 5 etwa 35 Minuten backen, bis ein in der Mitte gesteckter Spieß sauber herauskommt. Abkühlen lassen, dann in Riegel schneiden.

Klebrige Zimtriegel

Macht 16

225 g/8 oz/2 Tassen einfaches (Allzweck-)Mehl

10 ml/2 TL Backpulver

225 g/8 oz/1 Tasse weicher brauner Zucker

15 ml/1 EL geschmolzene Butter

250 ml/8 fl oz/1 Tasse Milch

30 ml/2 EL Demerara-Zucker

10 ml/2 TL gemahlener Zimt

25 g/1 oz/2 EL Butter, gekühlt und gewürfelt

Mehl, Backpulver und Zucker vermischen. Die geschmolzene Butter und die Milch einrühren und gut verrühren. Drücken Sie die Mischung in zwei quadratische Kuchenformen (Pfannen) mit einem Durchmesser von 23 cm. Bestreuen Sie die Spitzen mit Demerara-Zucker und Zimt und drücken Sie dann Butterstücke auf die Oberfläche. Im vorgeheizten Backofen bei 180 °C/350 °F/Gas Stufe 4 30 Minuten backen. Die Butter hinterlässt Löcher in der Mischung und wird beim Kochen klebrig.

Kokosnussriegel

Macht 16

75 g/3 oz/1/3 Tasse Butter oder Margarine

100 g/4 oz/1 Tasse einfaches (Allzweck-)Mehl

30 ml/2 EL feinster Zucker

2 Eier

100 g/4 oz/½ Tasse weicher brauner Zucker

Eine Prise Salz

175 g/6 oz/1½ Tassen getrocknete (geschredderte) Kokosnuss

50 g/2 oz/½ Tasse gehackte gemischte Nüsse

Orangenglasur

Reiben Sie Butter oder Margarine in das Mehl, bis die Mischung wie Semmelbrösel aussieht. Den Zucker einrühren und in eine ungefettete quadratische Backform (23 cm/9 Zoll) drücken. Im vorgeheizten Backofen bei 190 °C/350 °F/Gas Stufe 4 15 Minuten backen, bis es gerade fest ist.

Eier, braunen Zucker und Salz verrühren, dann Kokosnuss und Nüsse unterrühren und auf dem Boden verteilen. 20 Minuten backen, bis es fest und goldbraun ist. Nach dem Abkühlen Eis mit Orangenglasur servieren. In Riegel schneiden.

Sandwichriegel mit Kokosnuss und Marmelade

Macht 16

25 g/1 oz/2 EL Butter oder Margarine

175 g/6 oz/1½ Tassen selbstaufgehendes (selbstaufgehendes) Mehl

225 g/8 oz/1 Tasse Puderzucker (superfein).

2 Eigelb

75 ml/5 EL Wasser

175 g/6 oz/1½ Tassen getrocknete (geschredderte) Kokosnuss

4 Eiweiß

50 g/2 oz/½ Tasse einfaches (Allzweck-)Mehl

100 g/4 oz/1/3 Tasse Erdbeermarmelade (konserviert)

Reiben Sie Butter oder Margarine in das selbstaufgehende Mehl und rühren Sie dann 50 g/2 oz/¼ Tasse Zucker ein. Eigelb und 45 ml/3 EL Wasser verrühren und unter die Masse rühren. In den Boden einer gefetteten Biskuitrollenform (30 x 20 cm/12 x 8 Zoll) drücken und mit einer Gabel einstechen. Im vorgeheizten Backofen bei 180 °C/350 °F/Gas Stufe 4 12 Minuten backen. Abkühlen lassen.
Geben Sie die Kokosnuss, den restlichen Zucker und das Wasser sowie ein Eiweiß in eine Pfanne und rühren Sie bei schwacher Hitze, bis die Masse klumpig wird, ohne dass sie braun wird. Abkühlen lassen. Das Mehl untermischen. Restliches Eiweiß steif schlagen, dann unter die Masse heben. Den Boden mit der Marmelade bestreichen und anschließend mit dem Kokosnuss-Topping bestreichen. 30 Minuten im Ofen backen, bis sie goldbraun sind. Vor dem Schneiden in Riegel in der Form abkühlen lassen.

Dattel-Apfel-Traybake

Ergibt 12

1 Kochapfel, geschält, entkernt und gehackt

225 g/8 oz/1 1/3 Tassen entkernte Datteln, gehackt

150 ml/¼ pt/2/3 Tasse Wasser

350 g/12 oz/3 Tassen Haferflocken

175 g/6 oz/¾ Tasse Butter oder Margarine, geschmolzen

45 ml/3 EL Demerara-Zucker

5 ml/1 TL gemahlener Zimt

Äpfel, Datteln und Wasser in einen Topf geben und etwa 5 Minuten leicht köcheln lassen, bis die Äpfel weich sind. Abkühlen lassen. Haferflocken, Butter oder Margarine, Zucker und Zimt vermischen. Die Hälfte davon in eine gefettete quadratische Kuchenform (20 cm/8 Zoll) geben und die Oberfläche ebnen. Mit der Apfel-Dattel-Mischung belegen, dann mit der restlichen Hafermischung bedecken und die Oberfläche glätten. Leicht andrücken. Im vorgeheizten Backofen bei 190 °C/375 °F/Gas Stufe 5 etwa 30 Minuten goldbraun backen. Abkühlen lassen, dann in Riegel schneiden.

Dattelscheiben

Ergibt 12

225 g/8 oz/11/3 Tassen entkernte Datteln, gehackt

30 ml/2 EL klarer Honig

30 ml/2 EL Zitronensaft

225 g/8 oz/1 Tasse Butter oder Margarine

225 g/8 oz/2 Tassen Vollkornmehl

225 g/8 oz/2 Tassen Haferflocken

75 g/3 oz/1/3 Tasse weicher brauner Zucker

Datteln, Honig und Zitronensaft bei schwacher Hitze einige Minuten köcheln lassen, bis die Datteln weich sind. Reiben Sie die Butter oder Margarine in das Mehl und die Haferflocken ein, bis die Mischung wie Semmelbrösel aussieht, und rühren Sie dann den Zucker ein. Die Hälfte der Mischung in eine gefettete und mit Backpapier ausgelegte quadratische Kuchenform (20 cm/8 Zoll) geben. Die Dattelmischung darüber geben und mit der restlichen Kuchenmischung abschließen. Fest andrücken. Im vorgeheizten Backofen bei 190 °C/375 °F/Gas Stufe 5 35 Minuten backen, bis es sich federnd anfühlt. In der Form abkühlen lassen und noch warm in Scheiben schneiden.

Omas Dattelriegel

Macht 16

100 g/4 oz/½ Tasse Butter oder Margarine, weich

225 g/8 oz/1 Tasse weicher brauner Zucker

2 Eier, leicht geschlagen

175 g/6 oz/1½ Tassen einfaches (Allzweck-)Mehl

2,5 ml/½ TL Natron (Backpulver)

5 ml/1 TL gemahlener Zimt

Eine Prise gemahlene Nelken

Eine Prise geriebene Muskatnuss

175 g/6 oz/1 Tasse entkernte Datteln, gehackt

Butter oder Margarine und Zucker schaumig rühren, bis die Masse leicht und locker ist. Nach und nach die Eier hinzufügen und nach jeder Zugabe gut verrühren. Die restlichen Zutaten unterrühren, bis alles gut vermischt ist. In eine gefettete und bemehlte quadratische Backform (23 cm/9 Zoll) geben und im vorgeheizten Backofen bei 180 °C/350 °F/Gas Stufe 4 25 Minuten backen, bis ein in der Mitte gesteckter Spieß sauber herauskommt. Abkühlen lassen, dann in Riegel schneiden.

Dattel- und Haferflockenriegel

Macht 16

175 g/6 oz/1 Tasse entkernte Datteln, gehackt

15 ml/1 EL klarer Honig

30 ml/2 EL Wasser

225 g/8 oz/2 Tassen Vollkornmehl

100 g/4 oz/1 Tasse Haferflocken

100 g/4 oz/½ Tasse weicher brauner Zucker

150 g/5 oz/2/3 Tasse Butter oder Margarine, geschmolzen

Datteln, Honig und Wasser in einem kleinen Topf köcheln lassen, bis die Datteln weich sind. Mehl, Haferflocken und Zucker vermischen und dann die geschmolzene Butter oder Margarine untermischen. Die Hälfte der Mischung in eine gefettete quadratische Kuchenform (18 cm/7 Zoll) drücken, mit der Dattelmischung bestreuen, dann die restliche Hafermischung darauf verteilen und leicht andrücken. Im vorgeheizten Backofen bei 180 °C/350 °F/Gas Stufe 4 1 Stunde lang backen, bis es fest und goldbraun ist. In der Form abkühlen lassen und noch warm in Riegel schneiden.

Dattel- und Walnussriegel

Ergibt 12

100 g/4 oz/½ Tasse Butter oder Margarine, weich

150 g/5 oz/2/3 Tasse Puderzucker (superfein).

1 Ei, leicht geschlagen

100 g/4 oz/1 Tasse selbstaufgehendes (selbstaufgehendes) Mehl

225 g/8 oz/11/3 Tassen entkernte Datteln, gehackt

100 g/4 oz/1 Tasse Walnüsse, gehackt

15 ml/1 EL Milch (optional)

100 g/4 oz/1 Tasse einfache (halbsüße) Schokolade

Butter oder Margarine und Zucker schaumig rühren, bis die Masse leicht und locker ist. Das Ei, dann das Mehl, die Datteln und die Walnüsse unterrühren und etwas Milch hinzufügen, falls die Masse zu steif ist. In eine gefettete Biskuitrollenform (Geleerollenform) (30 x 20 cm/12 x 8 Zoll) geben und im vorgeheizten Ofen bei 180 °C/350 °F/Gas Stufe 4 30 Minuten lang backen, bis es sich federnd anfühlt. Abkühlen lassen.

Die Schokolade in einer hitzebeständigen Schüssel schmelzen, die über einem Topf mit leicht siedendem Wasser steht. Über die Mischung verteilen und abkühlen und fest werden lassen. Mit einem scharfen Messer in Riegel schneiden.

Feigenriegel

Macht 16

225 g frische Feigen, gehackt

30 ml/2 EL klarer Honig

15 ml/1 EL Zitronensaft

225 g/8 oz/2 Tassen Vollkornmehl

225 g/8 oz/2 Tassen Haferflocken

225 g/8 oz/1 Tasse Butter oder Margarine

75 g/3 oz/1/3 Tasse weicher brauner Zucker

Feigen, Honig und Zitronensaft bei schwacher Hitze 5 Minuten köcheln lassen. Etwas abkühlen lassen. Mehl und Haferflocken vermischen, dann Butter oder Margarine einreiben und den Zucker unterrühren. Die Hälfte der Mischung in eine gefettete quadratische Kuchenform (20 cm/8 Zoll) drücken und die Feigenmischung darüber löffeln. Mit der restlichen Kuchenmasse bedecken und fest andrücken. Im vorgeheizten Backofen bei 180 °C/350 °F/Gas Stufe 4 30 Minuten goldbraun backen. In der Form abkühlen lassen, dann noch warm in Scheiben schneiden.

Flapjacks

Macht 16

75 g/3 oz/1/3 Tasse Butter oder Margarine

50 g/2 oz/3 EL goldener (heller Mais-)Sirup

100 g/4 oz/½ Tasse weicher brauner Zucker

175 g/6 oz/1½ Tassen Haferflocken

Butter oder Margarine mit Sirup und Zucker schmelzen, dann die Haferflocken unterrühren. In eine gefettete quadratische Form mit einem Durchmesser von 20 cm drücken und im vorgeheizten Ofen bei 180 °C/350 °F/Gas Stufe 4 etwa 20 Minuten lang backen, bis er leicht goldbraun ist. Vor dem Schneiden in Riegel etwas abkühlen lassen, dann in der Form vollständig abkühlen lassen, bevor man es aus der Form stürzt.

Kirsch-Flapjacks

Macht 16

75 g/3 oz/1/3 Tasse Butter oder Margarine

50 g/2 oz/3 EL goldener (heller Mais-)Sirup

100 g/4 oz/½ Tasse weicher brauner Zucker

175 g/6 oz/1½ Tassen Haferflocken

100 g/4 oz/1 Tasse glasierte (kandierte) Kirschen, gehackt

Butter oder Margarine mit Sirup und Zucker schmelzen, dann Haferflocken und Kirschen unterrühren. In eine gefettete quadratische Kuchenform (20 cm/8 Zoll) drücken und im vorgeheizten Backofen bei 180 °C/350 °F/Gas Stufe 4 etwa 20 Minuten lang backen, bis er leicht goldbraun ist. Vor dem Schneiden in Riegel etwas abkühlen lassen, dann in der Form vollständig abkühlen lassen, bevor man es aus der Form stürzt.

Schokoladen-Flapjacks

Macht 16

75 g/3 oz/1/3 Tasse Butter oder Margarine

50 g/2 oz/3 EL goldener (heller Mais-)Sirup

100 g/4 oz/½ Tasse weicher brauner Zucker

175 g/6 oz/1½ Tassen Haferflocken

100 g/4 oz/1 Tasse Schokoladenstückchen

Butter oder Margarine mit Sirup und Zucker schmelzen, dann die Haferflocken und die Schokoladenstückchen unterrühren. In eine gefettete quadratische Kuchenform (20 cm/8 Zoll) drücken und im vorgeheizten Backofen bei 180 °C/350 °F/Gas Stufe 4 etwa 20 Minuten lang backen, bis er leicht goldbraun ist. Vor dem Schneiden in Riegel etwas abkühlen lassen, dann in der Form vollständig abkühlen lassen, bevor man es aus der Form stürzt.

Frucht-Flapjacks

Macht 16

75 g/3 oz/1/3 Tasse Butter oder Margarine

100 g/4 oz/½ Tasse weicher brauner Zucker

50 g/2 oz/3 EL goldener (heller Mais-)Sirup

175 g/6 oz/1½ Tassen Haferflocken

75 g/3 oz/½ Tasse Rosinen, Sultaninen oder andere Trockenfrüchte

Butter oder Margarine mit Zucker und Sirup schmelzen, dann Haferflocken und Rosinen unterrühren. In eine gefettete quadratische Kuchenform (20 cm/8 Zoll) drücken und im vorgeheizten Backofen bei 180 °C/350 °F/Gas Stufe 4 etwa 20 Minuten lang backen, bis er leicht goldbraun ist. Vor dem Schneiden in Riegel etwas abkühlen lassen, dann in der Form vollständig abkühlen lassen, bevor man es aus der Form stürzt.

Obst- und Nuss-Flapjacks

Macht 16

75 g/3 oz/1/3 Tasse Butter oder Margarine

100 g/4 oz/1/3 Tasse klarer Honig

50 g/2 oz/1/3 Tasse Rosinen

50 g/2 oz/½ Tasse Walnüsse, gehackt

175 g/6 oz/1½ Tassen Haferflocken

Butter oder Margarine mit dem Honig bei schwacher Hitze schmelzen. Rosinen, Walnüsse und Haferflocken unterrühren und gut vermischen. Den Teig in eine gefettete quadratische Kuchenform (23 cm/9 Zoll) füllen und im vorgeheizten Backofen bei 180 °C/350 °F/Gas Stufe 4 25 Minuten backen. In der Form abkühlen lassen und noch warm in Riegel schneiden.

Ingwer-Flapjacks

Macht 16

75 g/3 oz/1/3 Tasse Butter oder Margarine

100 g/4 oz/½ Tasse weicher brauner Zucker

50 g/2 oz/3 EL Sirup aus einem Glas Ingwerstängel

175 g/6 oz/1½ Tassen Haferflocken

4 Stück Ingwerstängel, fein gehackt

Butter oder Margarine mit Zucker und Sirup schmelzen, dann Haferflocken und Ingwer unterrühren. In eine gefettete quadratische Kuchenform (20 cm/8 Zoll) drücken und im vorgeheizten Backofen bei 180 °C/350 °F/Gas Stufe 4 etwa 20 Minuten lang backen, bis er leicht goldbraun ist. Vor dem Schneiden in Riegel etwas abkühlen lassen, dann in der Form vollständig abkühlen lassen, bevor man es aus der Form stürzt.

Verrückte Flapjacks

Macht 16

75 g/3 oz/1/3 Tasse Butter oder Margarine

50 g/2 oz/3 EL goldener (heller Mais-)Sirup

100 g/4 oz/½ Tasse weicher brauner Zucker

175 g/6 oz/1½ Tassen Haferflocken

100 g/4 oz/1 Tasse gehackte gemischte Nüsse

Butter oder Margarine mit Sirup und Zucker schmelzen, dann Haferflocken und Nüsse unterrühren. In eine gefettete quadratische Kuchenform (20 cm/8 Zoll) drücken und im vorgeheizten Backofen bei 180 °C/350 °F/Gas Stufe 4 etwa 20 Minuten lang backen, bis er leicht goldbraun ist. Vor dem Schneiden in Riegel etwas abkühlen lassen, dann in der Form vollständig abkühlen lassen, bevor man es aus der Form stürzt.

Scharfe Zitronen-Shortbreads

Macht 16

100 g/4 oz/1 Tasse einfaches (Allzweck-)Mehl

100 g/4 oz/½ Tasse Butter oder Margarine, weich

75 g/3 oz/½ Tasse Puderzucker, gesiebt

2,5 ml/½ TL Backpulver

Eine Prise Salz

30 ml/2 EL Zitronensaft

10 ml/2 TL abgeriebene Zitronenschale

Mehl, Butter oder Margarine, Puderzucker und Backpulver vermischen. In eine gefettete quadratische Kuchenform (23 cm/9 Zoll) drücken und im vorgeheizten Backofen bei 180 °C/350 °F/Gas Stufe 4 20 Minuten backen.

Die restlichen Zutaten vermischen und schaumig schlagen. Über den heißen Boden geben, die Ofentemperatur auf 160 °C/325 °F/Gasstufe 3 reduzieren und für weitere 25 Minuten in den Ofen zurückstellen, bis es sich federnd anfühlt. Abkühlen lassen, dann in Quadrate schneiden.

Mokka- und Kokosnussquadrate

Macht 20

1 Ei

100 g/4 oz/½ Tasse Puderzucker (superfein).

100 g/4 oz/1 Tasse einfaches (Allzweck-)Mehl

10 ml/2 TL Backpulver

Eine Prise Salz

75 ml/5 EL Milch

75 g/3 oz/1/3 Tasse Butter oder Margarine, geschmolzen

15 ml/1 EL Kakaopulver (ungesüßte Schokolade).

2,5 ml/½ TL Vanilleessenz (Extrakt)

Für den Belag:

75 g/3 oz/½ Tasse Puderzucker, gesiebt

50 g/2 oz/¼ Tasse Butter oder Margarine, geschmolzen

45 ml/3 EL heißer, starker schwarzer Kaffee

15 ml/1 EL Kakaopulver (ungesüßte Schokolade).

2,5 ml/½ TL Vanilleessenz (Extrakt)

25 g/1 oz/¼ Tasse getrocknete (zerkleinerte) Kokosnuss

Eier und Zucker verrühren, bis die Masse hell und schaumig ist. Mehl, Backpulver und Salz abwechselnd mit der Milch und der zerlassenen Butter oder Margarine unterrühren. Kakao und Vanilleessenz unterrühren. Geben Sie die Mischung in eine gefettete quadratische Kuchenform (Pfanne) mit 20 cm Durchmesser und backen Sie sie im vorgeheizten Ofen bei 200 °C/400 °F/Gasstufe 6 15 Minuten lang, bis sie gut aufgegangen ist und sich federnd anfühlt.

Für den Belag Puderzucker, Butter oder Margarine, Kaffee, Kakao und Vanilleessenz vermischen. Auf dem warmen Kuchen verteilen und mit Kokosnuss bestreuen. In der Form abkühlen lassen, dann stürzen und in Quadrate schneiden.

Hallo Dolly Cookies

Macht 16

100 g Butter oder Margarine

100 g/4 oz/1 Tasse Verdauungskeks

(Graham-Brotkrumen

100 g/4 oz/1 Tasse Schokoladenstückchen

100 g/4 oz/1 Tasse getrocknete (geschredderte) Kokosnuss

100 g/4 oz/1 Tasse Walnüsse, gehackt

400 g/14 oz/1 große Dose Kondensmilch

Butter oder Margarine schmelzen und die Kekskrümel unterrühren. Drücken Sie die Mischung in den Boden einer gefetteten und mit Folie ausgelegten Kuchenform (28 x 18 cm). Mit den Schokoladenstückchen, dann der Kokosnuss und schließlich den Walnüssen bestreuen. Die Kondensmilch darüber gießen und im vorgeheizten Backofen bei 180 °C/350 °F/Gas Stufe 4 25 Minuten backen. Noch warm in Riegel schneiden, dann vollständig abkühlen lassen.

Nuss- und Schokoladen-Kokosriegel

Ergibt 12

75 g/3 oz/¾ Tasse Milchschokolade

75 g/3 oz/¾ Tasse einfache (halbsüße) Schokolade

75 g/3 oz/1/3 Tasse knusprige Erdnussbutter

75 g/3 oz/¾ Tasse Verdauungskekskrümel (Graham Cracker).

75 g/3 oz/¾ Tasse Walnüsse, zerkleinert

75 g/3 oz/¾ Tasse getrocknete (geschredderte) Kokosnuss

75 g/3 oz/¾ Tasse weiße Schokolade

Die Milchschokolade in einer hitzebeständigen Schüssel über einem Topf mit leicht siedendem Wasser schmelzen. Auf dem Boden einer quadratischen Kuchenform (Pfanne) mit einem Durchmesser von 23 cm verteilen und fest werden lassen.

Die Zartbitterschokolade und die Erdnussbutter bei schwacher Hitze sanft schmelzen und dann die Kekskrümel, Walnüsse und Kokosnuss unterrühren. Auf der fest gewordenen Schokolade verteilen und kalt stellen, bis sie fest ist.

Die weiße Schokolade in einer hitzebeständigen Schüssel über einem Topf mit leicht siedendem Wasser schmelzen. In einem Muster über die Kekse träufeln, dann fest werden lassen, bevor sie in Riegel geschnitten werden.

Nussige Quadrate

Ergibt 12

75 g/3 oz/¾ Tasse einfache (halbsüße) Schokolade

50 g/2 oz/¼ Tasse Butter oder Margarine

100 g/4 oz/½ Tasse Puderzucker (superfein).

2 Eier

5 ml/1 TL Vanilleessenz (Extrakt)

75 g/3 oz/¾ Tasse einfaches (Allzweck-)Mehl

2,5 ml/½ TL Backpulver

100 g/4 oz/1 Tasse gehackte gemischte Nüsse

Die Schokolade in einer hitzebeständigen Schüssel über einem Topf mit leicht siedendem Wasser schmelzen. Die Butter einrühren, bis sie geschmolzen ist, dann den Zucker hinzufügen. Vom Herd nehmen und Eier und Vanilleessenz unterrühren. Mehl, Backpulver und Nüsse unterheben. Geben Sie die Mischung in eine gefettete quadratische Kuchenform (25 cm/10 Zoll) und backen Sie sie im vorgeheizten Ofen bei 180 °C/350 °F/Gasstufe 4 15 Minuten lang, bis sie goldbraun ist. Noch warm in kleine Quadrate schneiden.

Orangen-Pekannuss-Scheiben

Macht 16

375 g/13 oz/3¼ Tassen einfaches (Allzweck-)Mehl

275 g/10 oz/1¼ Tassen Puderzucker (superfein).

5 ml/1 TL Backpulver

75 g/3 oz/1/3 Tasse Butter oder Margarine

2 Eier, geschlagen

175 ml/6 fl oz/¾ Tasse Milch

200 g/7 oz/1 kleine Dose Mandarinen, abgetropft und grob gehackt

100 g/4 oz/1 Tasse Pekannüsse, gehackt

Fein abgeriebene Schale von 2 Orangen

10 ml/2 TL gemahlener Zimt

Mischen Sie 325 g/12 oz/3 Tassen Mehl, 225 g/8 oz/1 Tasse Zucker und das Backpulver. 50 g/2 oz/ ¼ Tasse Butter oder Margarine schmelzen und Eier und Milch unterrühren. Mischen Sie die Flüssigkeit vorsichtig mit den trockenen Zutaten, bis eine glatte Masse entsteht. Mandarinen, Pekannüsse und Orangenschale unterheben. In eine gefettete und mit Backpapier ausgelegte Backform (Pfanne) von 30 x 20 cm/12 x 8 Zoll füllen. Restliches Mehl, Zucker, Butter und Zimt vermischen und über den Kuchen streuen. Im vorgeheizten Backofen bei 180 °C/350 °F/Gas Stufe 4 40 Minuten goldbraun backen. In der Form abkühlen lassen und dann in etwa 16 Scheiben schneiden.

Parkin

Ergibt 16 Quadrate

100 g/4 oz/½ Tasse Schmalz (Backfett)

100 g Butter oder Margarine

75 g/3 oz/1/3 Tasse weicher brauner Zucker

100 g/4 oz/1/3 Tasse goldener (heller Mais-)Sirup

100 g/4 oz/1/3 Tasse schwarzer Melassesirup (Melasse)

10 ml/2 TL Natron (Backpulver)

150 ml/¼ pt/2/3 Tasse Milch

225 g/8 oz/2 Tassen Vollkornmehl

225 g/8 oz/2 Tassen Haferflocken

10 ml/2 TL gemahlener Ingwer

2,5 ml/½ TL Salz

Schmalz, Butter oder Margarine, Zucker, Sirup und Melasse in einer Pfanne schmelzen. Das Natron in der Milch auflösen und mit den restlichen Zutaten in die Pfanne rühren. Den Teig in eine gefettete und mit Backpapier ausgelegte quadratische Kuchenform (20 cm/8 Zoll) füllen und im vorgeheizten Ofen bei 160 °C/325 °F/Gas Stufe 3 1 Stunde lang backen, bis er fest ist. Es könnte in der Mitte versinken. Abkühlen lassen, dann einige Tage in einem luftdichten Behälter aufbewahren, bevor es in Quadrate geschnitten und serviert wird.

Erdnussbutterriegel

Macht 16

100 g Butter oder Margarine

175 g/6 oz/1¼ Tassen einfaches (Allzweck-)Mehl

175 g/6 oz/¾ Tasse weicher brauner Zucker

75 g/3 oz/1/3 Tasse Erdnussbutter

Eine Prise Salz

1 kleines Eigelb, geschlagen

2,5 ml/½ TL Vanilleessenz (Extrakt)

100 g/4 oz/1 Tasse einfache (halbsüße) Schokolade

50 g/2 oz/2 Tassen Puffreis-Müsli

Reiben Sie Butter oder Margarine in das Mehl, bis die Mischung wie Semmelbrösel aussieht. Den Zucker, 30 ml/2 EL Erdnussbutter und das Salz einrühren. Eigelb und Vanilleessenz einrühren und gut verrühren. In eine quadratische Kuchenform (Pfanne) mit 25 cm/10 Zoll drücken. Im vorgeheizten Backofen bei 160 °C/325 °F/Gas Stufe 3 30 Minuten backen, bis der Teig aufgegangen ist und sich federnd anfühlt.
Die Schokolade in einer hitzebeständigen Schüssel über einem Topf mit leicht siedendem Wasser schmelzen. Vom Herd nehmen und die restliche Erdnussbutter unterrühren. Das Müsli einrühren und gut vermischen, bis es mit der Schokoladenmischung bedeckt ist. Über den Kuchen verteilen und die Oberfläche glätten. Abkühlen lassen, dann kalt stellen und in Riegel schneiden.

Picknickscheiben

Ergibt 12

225 g/8 oz/2 Tassen reine (halbsüße) Schokolade

50 g/2 oz/¼ Tasse Butter oder Margarine, weich

100 g/4 oz/½ Tasse Puderzucker

1 Ei, leicht geschlagen

100 g/4 oz/1 Tasse getrocknete (geschredderte) Kokosnuss

50 g/2 oz/1/3 Tasse Sultaninen (goldene Rosinen)

50 g/2 oz/¼ Tasse glasierte (kandierte) Kirschen, gehackt

Die Schokolade in einer hitzebeständigen Schüssel schmelzen, die über einem Topf mit leicht siedendem Wasser steht. Auf den Boden einer gefetteten und ausgelegten Biskuitrollenform (30 x 20 cm/12 x 8 Zoll) gießen. Butter oder Margarine und Zucker schaumig rühren, bis die Masse leicht und locker ist. Nach und nach das Ei hinzufügen, dann Kokosnuss, Sultaninen und Kirschen untermischen. Auf der Schokolade verteilen und im vorgeheizten Backofen bei 150 °C/300 °F/Gas Stufe 3 30 Minuten goldbraun backen. Abkühlen lassen, dann in Riegel schneiden.

Ananas- und Kokosnussriegel

Macht 20

1 Ei

100 g/4 oz/½ Tasse Puderzucker (superfein).

75 g/3 oz/¾ Tasse einfaches (Allzweck-)Mehl

5 ml/1 TL Backpulver

Eine Prise Salz

75 ml/5 EL Wasser

Für den Belag:

200 g/7 oz/1 kleine Dose Ananas, abgetropft und gehackt

25 g/1 oz/2 EL Butter oder Margarine

50 g/2 oz/¼ Tasse Puderzucker (superfein).

1 Eigelb

25 g/1 oz/¼ Tasse getrocknete (zerkleinerte) Kokosnuss

5 ml/1 TL Vanilleessenz (Extrakt)

Ei und Zucker verrühren, bis die Masse hell und blass ist. Mehl, Backpulver und Salz abwechselnd mit dem Wasser unterheben. In eine gefettete und bemehlte quadratische Kuchenform (Pfanne) mit einem Durchmesser von 18 cm/7 Zoll geben und im vorgeheizten Ofen bei 200 °C/400 °F/Gas Stufe 6 20 Minuten lang backen, bis er gut aufgegangen ist und sich federnd anfühlt. Die Ananas über den warmen Kuchen geben. Erwärmen Sie die restlichen Topping-Zutaten in einer kleinen Pfanne bei schwacher Hitze und rühren Sie dabei ständig um, bis sie gut vermischt sind, ohne dass die Mischung kocht. Die Ananas darüber geben und den Kuchen für weitere 5 Minuten in den Ofen stellen, bis der Belag goldbraun wird. 10 Minuten in der Form abkühlen lassen, dann zum Abkühlen auf ein Kuchengitter stürzen und dann in Riegel schneiden.

Pflaumenhefekuchen

Macht 16

15 g/½ oz frische Hefe oder 20 ml/4 TL Trockenhefe

50 g/2 oz/¼ Tasse Puderzucker (superfein).

150 ml/¼ pt/⅔ Tasse warme Milch

50 g/2 oz/¼ Tasse Butter oder Margarine, geschmolzen

1 Ei

1 Eigelb

250 g/9 oz/2¼ Tassen einfaches (Allzweck-)Mehl

5 ml/1 TL fein abgeriebene Zitronenschale

675 g Pflaumen, geviertelt und entkernt

Puderzucker, gesiebt, zum Bestäuben

Zimt

Die Hefe mit 5 ml/1 TL Zucker und etwas warmer Milch verrühren und an einem warmen Ort 20 Minuten schaumig gehen lassen. Den restlichen Zucker und die Milch mit der geschmolzenen Butter oder Margarine, dem Ei und dem Eigelb verrühren. Mehl und Zitronenschale in einer Schüssel vermischen und in der Mitte eine Mulde formen. Nach und nach die Hefemischung und die Eimischung unterrühren, bis ein weicher Teig entsteht. Schlagen, bis der Teig sehr glatt ist und sich an der Oberfläche Blasen zu bilden beginnen. Vorsichtig in eine gefettete und bemehlte quadratische Kuchenform (25 cm/10 Zoll) drücken. Die Pflaumen dicht nebeneinander auf dem Teig verteilen. Mit geölter Frischhaltefolie (Plastikfolie) abdecken und 1 Stunde an einem warmen Ort gehen lassen, bis sich das Volumen verdoppelt hat. In den vorgeheizten Backofen bei 200 °C/400 °F/Gas Stufe 6 stellen, dann sofort die Ofentemperatur auf 190 °C/375 °F/Gas Stufe 5 reduzieren und 45 Minuten backen. Reduzieren Sie die

Ofentemperatur erneut auf 180 °C/350 °F/Gasstufe 4 und backen Sie weitere 15 Minuten, bis sie goldbraun sind. Den Kuchen noch heiß mit Puderzucker und Zimt bestäuben, abkühlen lassen und in Quadrate schneiden.

Amerikanische Kürbisriegel

Macht 20

2 Eier

175 g/6 oz/¾ Tasse Puderzucker (superfein).

120 ml/4 fl oz/½ Tasse Öl

225 g/8 oz gekochter, gewürfelter Kürbis

100 g/4 oz/1 Tasse einfaches (Allzweck-)Mehl

5 ml/1 TL Backpulver

5 ml/1 TL gemahlener Zimt

2,5 ml/½ TL Natron (Backpulver)

50 g/2 oz/1/3 Tasse Sultaninen (goldene Rosinen)

Frischkäseglasur

Die Eier schaumig schlagen, dann den Zucker und das Öl unterrühren und den Kürbis unterrühren. Mehl, Backpulver, Zimt und Natron unterrühren, bis alles gut vermischt ist. Die Sultaninen unterrühren. Geben Sie die Mischung in eine gefettete und bemehlte Biskuitrollenform (30 x 20 cm/12 x 8 Zoll) und backen Sie sie im vorgeheizten Ofen bei 180 °C/350 °F/Gasstufe 4 30 Minuten lang, bis ein Spieß hineingesteckt wird in der Mitte kommt sauber heraus. Abkühlen lassen, dann mit Frischkäseglasur bestreichen und in Riegel schneiden.

Quitten- und Mandelriegel

Macht 16

450 g Quitten

50 g/2 oz/¼ Tasse Schmalz (Fett)

50 g/2 oz/¼ Tasse Butter oder Margarine

100 g/4 oz/1 Tasse einfaches (Allzweck-)Mehl

30 ml/2 EL feinster Zucker

Etwa 30 ml/2 EL Wasser

Für die Füllung:

75 g/3 oz/1/3 Tasse Butter oder Margarine, weich

100 g/4 oz/½ Tasse Puderzucker (superfein).

2 Eier

Ein paar Tropfen Mandelessenz (Extrakt)

100 g/4 oz/1 Tasse gemahlene Mandeln

25 g/1 oz/¼ Tasse einfaches (Allzweck-)Mehl

50 g/2 oz/½ Tasse Mandelblättchen

Die Quitten schälen, entkernen und in dünne Scheiben schneiden. In eine Pfanne geben und knapp mit Wasser bedecken. Aufkochen und ca. 15 Minuten köcheln lassen, bis es weich ist. Überschüssiges Wasser abgießen.

Das Mehl mit Schmalz und Butter oder Margarine vermengen, bis die Masse wie Semmelbrösel aussieht. Den Zucker einrühren. Fügen Sie gerade so viel Wasser hinzu, dass ein weicher Teig entsteht, rollen Sie ihn dann auf einer leicht bemehlten Oberfläche aus und bedecken Sie damit den Boden und die Seiten einer 30 x 20 cm/12 x 8 Zoll großen Biskuitrollenform (Jelly-Roll-Pfanne). Alles mit einer Gabel einstechen. Die Quitten mit einem Schaumlöffel auf dem Teig verteilen.

Butter oder Margarine und Zucker schaumig rühren, dann nach und nach die Eier und das Mandelessenz unterrühren. Die gemahlenen Mandeln und das Mehl unterheben und über die Quitten geben. Streuen Sie die Mandelblättchen darüber und backen Sie es im vorgeheizten Ofen bei 180 °C/350 °F/Gasstufe 4 45 Minuten lang, bis es fest und goldbraun ist. Nach dem Abkühlen in Quadrate schneiden.

Rosinenriegel

Ergibt 12

175 g/6 oz/1 Tasse Rosinen

250 ml/8 fl oz/1 Tasse Wasser

75 ml/5 EL Öl

225 g/8 oz/1 Tasse Puderzucker (superfein).

1 Ei, leicht geschlagen

200 g/7 oz/1¾ Tassen einfaches (Allzweck-)Mehl

1,5 ml/¼ TL Salz

5 ml/1 TL Natron (Backpulver)

5 ml/1 TL gemahlener Zimt

2,5 ml/½ TL geriebene Muskatnuss

2,5 ml/½ TL gemahlener Piment

Eine Prise gemahlene Nelken

50 g/2 oz/½ Tasse Schokoladenstückchen

50 g/2 oz/½ Tasse Walnüsse, gehackt

30 ml/2 EL Puderzucker, gesiebt

Rosinen und Wasser zum Kochen bringen, dann das Öl hinzufügen, vom Herd nehmen und etwas abkühlen lassen. Puderzucker und Ei unterrühren. Mehl, Salz, Natron und Gewürze vermischen. Mit der Rosinenmischung vermischen, dann die Schokoladenstückchen und Walnüsse unterrühren. In eine gefettete quadratische Kuchenform (Pfanne) mit einem Durchmesser von 30 cm/12 Zoll geben und im vorgeheizten Ofen bei 190 °C/375 °F/Gasstufe 5 25 Minuten lang backen, bis der Kuchen beginnt, sich von den Seiten der Form zu lösen. Abkühlen lassen, dann mit Puderzucker bestäuben und in Riegel schneiden.

Himbeer-Hafer-Quadrate

Ergibt 12

175 g/6 oz/¾ Tasse Butter oder Margarine

225 g/8 oz/2 Tassen selbstaufgehendes (selbstaufgehendes) Mehl

5 ml/1 TL Salz

175 g/6 oz/1½ Tassen Haferflocken

175 g/6 oz/¾ Tasse Puderzucker (superfein).

300 g/11 oz/1 mittelgroße Dose Himbeeren, abgetropft

Butter oder Margarine in Mehl und Salz einreiben, dann Haferflocken und Zucker unterrühren. Die Hälfte der Mischung in eine gefettete, quadratische Backform (25 cm/10 Zoll) drücken. Die Himbeeren darüberstreuen und mit der restlichen Masse bedecken und gut andrücken. Im vorgeheizten Backofen bei 200 °C/400 °F/Gas Stufe 6 20 Minuten backen. Vor dem Schneiden in Quadrate in der Form etwas abkühlen lassen.

Shortbread-Zimt-Baiser

Macht 24

75 g/3 oz/½ Tasse Puderzucker, gesiebt

100 g/4 oz/1 Tasse einfaches (Allzweck-)Mehl

100 g/4 oz/½ Tasse Butter oder Margarine, weich

1 Ei

225 g/8 oz/2/3 Tasse Marmelade (Fruchtkonserve)

2 Eiweiß

100 g/4 oz/½ Tasse Puderzucker (superfein).

2,5 ml/½ TL gemahlener Zimt

Puderzucker, Mehl, Butter oder Margarine und Ei verrühren. Drücken Sie die Mischung auf den Boden einer gefetteten quadratischen Kuchenform (Pfanne) mit einem Durchmesser von 25 cm und backen Sie sie 10 Minuten lang im vorgeheizten Ofen bei 180 °C/350 °F/Gasstufe 4. Aus dem Ofen nehmen und die Marmelade darüber verteilen. Das Eiweiß schlagen, bis weiche Spitzen entstehen, dann Puderzucker und Zimt unterrühren, bis die Masse fest und glänzend ist. Die Marmelade darüber verteilen und für 25 Minuten in den Ofen geben, bis sie goldbraun ist. Abkühlen lassen, dann in Quadrate schneiden.

Brauner Zucker und Bananenriegel

Ergibt 12

75 g/3 oz/1/3 Tasse Butter oder Margarine

225 g/8 oz/1 Tasse weicher brauner Zucker

1 großes Ei, leicht geschlagen

150 g/5 oz/1¼ Tassen einfaches (Allzweck-)Mehl

5 ml/1 TL Backpulver

Eine Prise Salz

100 g/4 oz/1 Tasse Schokoladenstückchen

50 g/2 oz/½ Tasse getrocknete Bananenchips, grob gehackt

Butter oder Margarine schmelzen, dann vom Herd nehmen und den Zucker einrühren. Abkühlen lassen, bis es lauwarm ist. Nach und nach das Ei unterrühren und dann die restlichen Zutaten unterrühren, bis ein ziemlich fester Teig entsteht. Sollte es zu steif sein, etwas Milch unterrühren. In eine gefettete quadratische Kuchenform (Pfanne) mit 18 cm Durchmesser geben und im vorgeheizten Backofen bei 140 °C/275 °F/Gasstufe 1 1 Stunde lang backen, bis die Oberfläche knusprig ist. In der Form lauwarm belassen, dann in Riegel schneiden, herausheben und auf einem Kuchengitter auskühlen lassen. Die Mischung wird ziemlich klebrig sein, bis sie abkühlt.

Sonnenblumen- und Nussriegel

Macht 18

150 g/5 oz/2/3 Tasse Butter oder Margarine

45 ml/3 EL klarer Honig

Ein paar Tropfen Mandelessenz (Extrakt)

275 g/10 oz/2½ Tassen Haferflocken

25 g/1 oz/¼ Tasse Mandelblättchen

25 g/1 oz/2 EL Sonnenblumenkerne

25 g/1 oz/2 EL Sesamkörner

50 g/2 oz/1/3 Tasse Rosinen

Butter oder Margarine mit dem Honig schmelzen, dann alle restlichen Zutaten hinzufügen und gut vermischen. In eine gefettete quadratische Kuchenform (20 cm/8 Zoll) geben und die Oberfläche ebnen. Drücken Sie die Mischung vorsichtig nach unten. Im vorgeheizten Backofen bei 190 °C/375 °F/Gas Stufe 5 20 Minuten backen. Etwas abkühlen lassen, dann in Riegel schneiden und kalt aus der Form nehmen.

Toffee-Quadrate

Macht 16

75 g/3 oz/¾ Tasse einfaches (Allzweck-)Mehl

50 g/2 oz/¼ Tasse Butter oder Margarine, weich

25 g/1 oz/2 EL weicher brauner Zucker

Eine Prise Salz

1,5 ml/¼ TL Natron (Backpulver)

30 ml/2 EL Milch

Für den Belag:
75 g/3 oz/1/3 Tasse Butter oder Margarine

75 g/3 oz/1/3 Tasse weicher brauner Zucker

25 g/1 oz/¼ Tasse Schokoladenstückchen

Alle Kuchenzutaten vermischen und gerade so viel Milch hinzufügen, dass eine weiche, tropfende Konsistenz entsteht. In eine gefettete quadratische Kuchenform (23 cm/9 Zoll) drücken und im vorgeheizten Backofen bei 180 °C/350 °F/Gas Stufe 4 15 Minuten lang goldbraun backen.

Für den Belag Butter oder Margarine und Zucker in einem kleinen Topf schmelzen, zum Kochen bringen und dann 2 Minuten unter ständigem Rühren köcheln lassen. Über den Boden gießen und für 5 Minuten wieder in den Ofen stellen. Mit den Schokoladenstückchen bestreuen und beim Abkühlen des Kuchens weich werden lassen. In Riegel schneiden.

Toffee-Traybake

Macht 16

100 g/4 oz/½ Tasse Butter oder Margarine, weich

100 g/4 oz/½ Tasse weicher brauner Zucker

1 Eigelb

50 g/2 oz/½ Tasse einfaches (Allzweck-)Mehl

50 g/2 oz/½ Tasse Haferflocken

Für den Belag:
100 g/4 oz/1 Tasse einfache (halbsüße) Schokolade

25 g/1 oz/2 EL Butter oder Margarine

30 ml/2 EL gehackte Walnüsse

Butter oder Margarine, Zucker und Eigelb glatt rühren. Mehl und Haferflocken unterrühren. In eine gefettete 30 x 20 cm/12 x 8 Zoll große Biskuitrollenform (Jelly Roll Pan) drücken und im vorgeheizten Ofen bei 190 °C/375 °F/Gas Stufe 5 20 Minuten backen.

Für den Belag Schokolade und Butter oder Margarine in einer hitzebeständigen Schüssel schmelzen, die über einem Topf mit leicht siedendem Wasser steht. Die Mischung darüber verteilen und mit den Walnüssen bestreuen. Etwas abkühlen lassen, dann in Riegel schneiden und in der Form auskühlen lassen.

Aprikosen-Käsekuchen

Ergibt einen 23 cm großen Kuchen

225 g/8 oz/2 Tassen Ingwerkekskrümel

30 ml/2 EL weicher brauner Zucker

50 g/2 oz/¼ Tasse Butter oder Margarine, geschmolzen

Für die Füllung:
15 g/½ oz/1 EL Gelatinepulver

225 g/8 oz/1 Tasse Puderzucker (superfein).

250 ml/8 fl oz/1 Tasse Sirup aus der Aprikosendose

90 ml/6 EL Brandy oder Aprikosenbrand

45 ml/3 EL Zitronensaft

4 Eier, getrennt

450 g/1 Pfund/2 Tassen weicher Frischkäse

250 ml/8 fl oz/1 Tasse Schlagsahne

Für den Belag:
400 g/14 oz/1 große Dose Aprikosenhälften in Sirup einlegen, abtropfen lassen und den Sirup aufbewahren

90 ml/6 EL Aprikosenbrand

30 ml/2 EL Speisestärke (Maisstärke)

Rühren Sie die Kekskrümel und den braunen Zucker in die geschmolzene Butter und drücken Sie sie auf den Boden einer 23 cm großen Kuchenform (Pfanne) mit losem Boden. Im vorgeheizten Backofen bei 160 °C/335 °F/Gas Stufe 3 10 Minuten backen. Herausnehmen und abkühlen lassen.

Für die Füllung Gelatine und die Hälfte des Zuckers mit Aprikosensirup, Weinbrand und Zitronensaft verrühren. Bei schwacher Hitze etwa 10 Minuten unter ständigem Rühren kochen, bis die Masse eingedickt ist. Eigelb unterrühren. Vom Herd nehmen und etwas abkühlen lassen. Den Käse glatt rühren. Die Gelatinemischung langsam unter den Käse mischen und kalt stellen, bis die Masse leicht eingedickt ist. Das Eiweiß verquirlen, bis sich weiche Spitzen bilden, dann nach und nach den restlichen Zucker unterrühren, bis die Masse steif und glänzend ist. Sahne steif schlagen. Die beiden Mischungen unter den Käse heben und auf den gebackenen Boden geben. Mehrere Stunden kalt stellen, bis die Masse fest ist.

Die Aprikosenhälften auf dem Käsekuchen anrichten. Den Brandy und die Maisstärke zusammen erhitzen und umrühren, bis sie dickflüssig und klar sind. Etwas abkühlen lassen und dann zum Glasieren über die Aprikosen löffeln.

Avocado-Käsekuchen

Ergibt einen 20 cm großen Kuchen

225 g/8 oz/2 Tassen Verdauungskekskrümel (Graham Cracker).

75 g/3 oz/1/3 Tasse Butter oder Margarine, geschmolzen

Für die Füllung:

10 ml/2 TL Pulvergelatine

30 ml/2 EL Wasser

2 reife Avocados

Saft einer halben Zitrone

Abgeriebene Schale von 1 Zitrone

100 g/4 oz/½ Tasse Frischkäse

75 g/3 oz/1/3 Tasse Puderzucker (superfein).

2 Eiweiß

300 ml/½ pt/1¼ Tassen Schlagsahne oder doppelte (starke) Sahne

Mischen Sie die Kekskrümel und die geschmolzene Butter oder Margarine und drücken Sie sie in den Boden und die Seiten einer gefetteten 20 cm großen Kuchenform (Pfanne) mit losem Boden. Kühlen.

Die Gelatine in einer Schüssel über das Wasser streuen und schaumig rühren. Stellen Sie die Schüssel in einen Topf mit heißem Wasser und lassen Sie es stehen, bis es sich aufgelöst hat. Etwas abkühlen lassen. Die Avocados schälen, entsteinen (entkernen) und das Fruchtfleisch mit dem Zitronensaft und der Schale zerdrücken. Käse und Zucker unterrühren. Die aufgelöste Gelatine einrühren. Das Eiweiß steif schlagen und dann mit einem Metalllöffel unter die Masse heben. Die Hälfte der Sahne steif schlagen und dann unter die Masse heben. Über den Keksboden geben und kalt stellen, bis er fest ist.

Die restliche Sahne steif schlagen und anschließend dekorativ auf den Käsekuchen spritzen.

Bananen-Käsekuchen

Ergibt einen 20 cm großen Kuchen

75 g/3 oz/1/3 Tasse Butter oder Margarine, geschmolzen

175 g/6 oz/1½ Tassen Verdauungskekskrümel (Graham Cracker).

Für die Füllung:

2 Bananen, zerdrückt

350 g/12 oz/1½ Tassen fester Tofu

100 g/4 oz/½ Tasse Hüttenkäse

Abgeriebene Schale und Saft von 1 Zitrone

Zitronenscheiben zum Garnieren

Butter oder Margarine und Kekskrümel vermischen und auf den Boden einer gefetteten Kuchenform (20 cm/8 Zoll) mit losem Boden drücken. Alle Topping-Zutaten verrühren und über den Boden löffeln. 4 Stunden kalt stellen, bevor es mit Zitronenscheiben garniert serviert wird.

Leichter karibischer Käsekuchen

Ergibt einen 20 cm großen Kuchen

75 g/3 oz/1/3 Tasse Butter oder Margarine

175 g/6 oz/1¾ Tassen einfaches (Allzweck-)Mehl

Eine Prise Salz

30 ml/2 EL kaltes Wasser

400 g/14 oz/1 große Dose Ananas, abgetropft und gehackt

150 g/5 oz/2/3 Tasse Hüttenkäse

2 Eier, getrennt

15 ml/1 EL Rum

Butter oder Margarine in das Mehl einreiben und salzen, bis die Mischung wie Semmelbrösel aussieht. So viel Wasser unterrühren, dass ein Teig (Paste) entsteht. Ausrollen und zum Auskleiden eines 20 cm großen Tortenrings verwenden. Ananas, Käse, Eigelb und Rum vermischen. Das Eiweiß steif schlagen und dann unter die Masse heben. Löffel in die Hülle (Schale). Im vorgeheizten Backofen bei 200 °C/400 °F/Gas Stufe 6 20 Minuten backen. Vor dem Herausstürzen in der Form abkühlen lassen.

Schwarzkirsch-Käsekuchen

Ergibt einen 20 cm großen Kuchen

75 g/3 oz/1/3 Tasse Butter oder Margarine, geschmolzen

175 g/6 oz/1½ Tassen Verdauungskekskrümel (Graham Cracker).

Für die Füllung:

350 g/12 oz/1½ Tassen fester Tofu

100 g/4 oz/½ Tasse Hüttenkäse

Abgeriebene Schale und Saft von 1 Zitrone

400 g/14 oz/1 große Dose Schwarzkirschen, abgetropft

Butter oder Margarine und Kekskrümel vermischen und auf den Boden einer gefetteten Kuchenform (20 cm/8 Zoll) mit losem Boden drücken. Tofu, Käse, Zitronensaft und Schale verrühren und die Kirschen unterrühren. Über den Boden löffeln. Vor dem Servieren 4 Stunden kalt stellen.

Kokos-Aprikosen-Käsekuchen

Ergibt einen 20 cm großen Kuchen

Für die Kruste:

200 g/7 oz/1¾ Tassen getrocknete (zerkleinerte) Kokosnuss

75 g/3 oz/1/3 Tasse Butter oder Margarine, geschmolzen

Für die Füllung:

120 ml/4 fl oz/½ Tasse Kondensmilch

30 ml/2 EL Zitronensaft

250 g/9 oz/1 Dose Frischkäse

120 ml/4 fl oz/½ Tasse doppelte (starke) Sahne

Für den Belag:

5 ml/1 TL Pulvergelatine

30 ml/2 EL Wasser

100 g/4 oz/1/3 Tasse Aprikosenmarmelade (konserviert), gesiebt (abgesiebt)

30 ml/2 EL feinster Zucker

Die Kokosnuss in einer trockenen Bratpfanne (Pfanne) goldbraun rösten. Butter oder Margarine einrühren und die Mischung dann fest in eine 20 cm große Kuchenform drücken. Kühlen.

Kondensmilch und Zitronensaft verrühren, dann den Frischkäse unterrühren. Die Sahne steif schlagen und dann unter die Masse heben. In die Kokosbasis geben.

Gelatine und Wasser in einem kleinen Topf bei sehr schwacher Hitze vermischen und einige Minuten lang die Marmelade und den Zucker einrühren, bis alles klar und gut vermischt ist. Die Füllung darüber geben, dann abkühlen lassen und kalt stellen, bis sie fest ist.

Cranberry-Käsekuchen

Ergibt einen 23 cm großen Kuchen

100 g/4 oz/1 Tasse Verdauungskekskrümel (Graham Cracker).

50 g/2 oz/¼ Tasse Butter oder Margarine, geschmolzen

225 g/8 oz Preiselbeeren, abgespült und abgetropft

150 ml/¼ pt/2/3 Tasse Wasser

150 g/5 oz/2/3 Tasse Puderzucker (superfein).

15 g/½ oz/1 EL Gelatinepulver

60 ml/4 EL Wasser

225 g/8 oz/1 Tasse Frischkäse

175 g/6 oz/¾ Tasse Ricotta-Käse

5 ml/1 TL Vanilleessenz (Extrakt)

Die Kekskrümel und die geschmolzene Butter vermischen und auf den Boden einer gefetteten Springform (23 cm/9 Zoll) drücken. Kühlen.

Preiselbeeren, 150 ml/¼ pt/ 2/3 Tasse Wasser und Zucker in einen Topf geben und zum Kochen bringen. 10 Minuten kochen lassen, dabei gelegentlich umrühren. Die Gelatine mit 60 ml/4 EL Wasser in einer Schüssel vermengen und schaumig rühren. Stellen Sie die Schüssel in einen Topf mit heißem Wasser und lassen Sie es stehen, bis es sich aufgelöst hat. Gelatine unter die Cranberry-Mischung rühren, vom Herd nehmen und etwas abkühlen lassen. Käse und Vanilleessenz untermischen. Die Mischung auf den Boden geben und gleichmäßig verteilen. Mehrere Stunden kalt stellen, bis die Masse fest ist.

Ingwer-Käsekuchen

Ergibt einen 900 g schweren Kuchen

275 g/10 oz/2½ Tassen Ingwerkekskrümel

100 g/4 oz/½ Tasse Butter oder Margarine, geschmolzen

225 g/8 oz/1 Tasse Frischkäse

150 ml/¼ pt/2/3 Tasse doppelte (starke) Sahne

100 g/4 oz/½ Tasse Puderzucker (superfein).

15 ml/1 EL gehackter Ingwerstängel

15 ml/1 EL Brandy oder Ingwersirup

2 Eier, getrennt

Saft von 1 Zitrone

15 g/½ oz/1 EL Gelatinepulver

Die Kekse unter die Butter rühren. Frischkäse, Sahne, Zucker, Ingwer und Brandy oder Ingwersirup verrühren. Eigelb unterrühren. Den Zitronensaft in einen kleinen Topf geben und über die Gelatine streuen. Einige Minuten einweichen lassen, dann bei sanfter Hitze auflösen. Nicht kochen. Das Eiweiß zu weichen Eischnee schlagen. 15 ml/1 EL gründlich unter die Käsemasse rühren. Den Rest vorsichtig unterheben. Die Hälfte der Mischung in eine leicht gefettete 900-g-Kastenform (Pfanne) füllen. Gleichmäßig mit der Hälfte der Keksmischung bestreuen. Fügen Sie eine weitere Schicht der restlichen Käse- und Keksmischungen hinzu. Mehrere Stunden kalt stellen. Tauchen Sie die Dose einige Sekunden lang in kochendes Wasser, decken Sie sie dann mit einem Teller ab und stellen Sie sie servierfertig heraus.

Ingwer-Zitronen-Käsekuchen

Ergibt einen 20 cm großen Kuchen

175 g/6 oz/1½ Tassen Ingwerkeks-Krümel

50 g/2 oz/¼ Tasse Butter oder Margarine, geschmolzen

15 g/½ oz/1 EL Gelatine

30 ml/2 EL kaltes Wasser

2 Zitronen

100 g/4 oz/½ Tasse Hüttenkäse

100 g/4 oz/½ Tasse Frischkäse

50 g/2 oz/¼ Tasse Puderzucker (superfein).

150 ml/¼ pt/2/3 Tasse Naturjoghurt

150 ml/¼ pt/2/3 Tasse doppelte (starke) Sahne

Die Kekskrümel unter die Butter oder Margarine rühren. Drücken Sie die Mischung auf den Boden eines 20 cm großen Tortenrings mit losem Boden. Die Gelatine auf das Wasser streuen und über einem Topf mit heißem Wasser auflösen. Von einer Zitrone drei Streifen Schale abschneiden. Die restliche Schale beider Zitronen abreiben. Die Zitronen vierteln, Kerne und Haut entfernen und das Fruchtfleisch in einer Küchenmaschine oder einem Mixer pürieren. Den Käse hinzufügen und vermischen. Zucker, Joghurt und Sahne dazugeben und nochmals verrühren. Gelatine untermischen. Über den Boden gießen und kalt stellen, bis es fest ist. Mit der Zitronenschale dekorieren.

Haselnuss-Honig-Käsekuchen

Ergibt einen 23 cm großen Kuchen

175 g/6 oz/1½ Tassen Verdauungskekskrümel (Graham Cracker).

75 g/3 oz/1/3 Tasse Butter oder Margarine, geschmolzen

100 g/4 oz/1 Tasse Haselnüsse

225 g/8 oz/1 Tasse Frischkäse

60 ml/4 EL klarer Honig

2 Eier, getrennt

15 g/½ oz/1 EL Gelatinepulver

30 ml/2 EL Wasser

250 ml/8 fl oz/1 Tasse doppelte (starke) Sahne

Keksekrümel und Butter vermischen und auf den Boden einer 23 cm großen Kuchenform mit lockerem Boden drücken. Behalten Sie ein paar Haselnüsse für die Dekoration bei und mahlen Sie den Rest. Mit Frischkäse, Honig und Eigelb vermischen und gut verrühren. In der Zwischenzeit die Gelatine auf das Wasser streuen und schaumig rühren. Stellen Sie die Schüssel in einen Topf mit heißem Wasser und rühren Sie, bis sie geschmolzen ist. Mit der Sahne unter die Käsemischung rühren. Das Eiweiß steif schlagen und vorsichtig unter die Masse heben. Über den Boden geben und kalt stellen, bis es fest ist. Mit den ganzen Haselnüssen garnieren.

Stachelbeer-Ingwer-Käsekuchen

Ergibt einen 23 cm großen Kuchen

3 Stück Ingwerstängel, in dünne Scheiben geschnitten

50 g/2 oz/¼ Tasse Kristallzucker

75 ml/5 EL Wasser

225 g/8 oz Stachelbeeren

50 g/2 oz/½ Packung Gelee mit Limettengeschmack (Jello)

15 g/½ oz/1 EL Gelatinepulver

Abgeriebene Schale und Saft einer halben Zitrone

225 g Frischkäse

75 g/3 oz/1/3 Tasse Puderzucker (superfein).

2 Eier, getrennt

300 ml/½ pt/1¼ Tassen doppelte (starke) Sahne

75 g/3 oz/1/3 Tasse Butter oder Margarine, geschmolzen

175 g/6 oz/1½ Tassen Ingwerkeksrümel

Einen 23 cm großen Tortenring mit losem Boden einfetten und auslegen. Ordnen Sie den Stängel-Ingwer am Rand des Bodens an. Den Kristallzucker im Wasser in einem Topf auflösen und zum Kochen bringen. Die Stachelbeeren dazugeben und etwa 15 Minuten leicht köcheln lassen, bis sie gerade weich sind. Die Stachelbeeren mit einem Schaumlöffel aus dem Sirup heben und in der Mitte der vorbereiteten Form anrichten. Messen Sie den Sirup ab und füllen Sie ihn mit Wasser auf 275 ml/9 fl oz/knapp 1 Tasse auf. Stellen Sie den Herd wieder auf niedrige Hitze und rühren Sie das Gelee ein, bis es sich aufgelöst hat. Vom Herd nehmen und stehen lassen, bis es anfängt fest zu werden. Die Stachelbeeren darüber geben und kalt stellen, bis sie fest sind.

45 ml/3 EL Zitronensaft mit der Gelatine in einer Schüssel bestreuen und schaumig rühren. Stellen Sie die Schüssel in einen Topf mit heißem Wasser und lassen Sie es stehen, bis es sich aufgelöst hat. Den Frischkäse mit Zitronenschale, Puderzucker, Eigelb, Gelatine und der Hälfte der Sahne verrühren. Die restliche Sahne dick schlagen und dann unter die Masse heben. Das Eiweiß steif schlagen, dann leicht unterheben. In die Form geben und kalt stellen, bis es fest ist.

Butter oder Margarine und Keksbrösel vermischen und über den Käsekuchen streuen. Drücken Sie leicht nach unten, um die Basis zu festigen. Kühlen, bis es fest ist.

Tauchen Sie den Boden der Form einige Sekunden lang in heißes Wasser, fahren Sie mit einem Messer über den Rand des Käsekuchens und stürzen Sie ihn dann auf einen Servierteller.

Leichter Zitronenkäsekuchen

Ergibt einen 20 cm großen Kuchen

Für die Basis:

50 g/2 oz/¼ Tasse Butter oder Margarine

50 g/2 oz/¼ Tasse Puderzucker (superfein).

100 g/4 oz/1 Tasse Verdauungskeksrkrümel (Graham Cracker).

Für die Füllung:

225 g/8 oz/1 Tasse Vollfett-Weichkäse

2 Eier, getrennt

100 g/4 oz/½ Tasse Puderzucker (superfein).

Abgeriebene Schale von 3 Zitronen

150 ml/¼ pt/2/3 Tasse doppelte (starke) Sahne

Saft von 1 Zitrone

45 ml/3 EL Wasser

15 g/½ oz/1 EL Gelatinepulver

Für den Belag:

45 ml/3 EL Zitronenquark

Für den Boden Butter oder Margarine und Zucker bei schwacher Hitze schmelzen. Keksrkrümel unterrühren. In den Boden einer 20 cm/8 Zoll großen Kuchenform drücken und im Kühlschrank abkühlen lassen.

Für die Füllung den Käse in einer großen Rührschüssel weich machen. Eigelb, die Hälfte des Zuckers, Zitronenschale und Sahne unterrühren. Zitronensaft, Wasser und Gelatine in eine Schüssel geben und über einem Topf mit heißem Wasser auflösen. Unter die Käsemischung rühren und bis zum Festwerden stehen lassen. Das Eiweiß steif schlagen, dann den restlichen Puderzucker unterrühren. Leicht, aber gründlich unter die Käsemischung heben. Auf den Boden geben und die Oberfläche glatt streichen. 3–

4 Stunden kalt stellen, bis es fest ist. Zum Abschluss mit Lemon Curd bestreichen.

Zitronen-Müsli-Käsekuchen

Ergibt einen 20 cm großen Kuchen

175 g/6 oz/großzügige 1 Tasse Müsli

75 g/3 oz/1/3 Tasse Butter oder Margarine, geschmolzen

Fein abgeriebene Schale und Saft von 2 Zitronen

15 g/½ oz/1 EL Gelatinepulver

225 g/8 oz/1 Tasse Frischkäse

150 ml/¼ pt/2/3 Tasse Naturjoghurt

60 ml/4 EL klarer Honig

2 Eiweiß

Das Müsli mit der Butter oder Margarine verrühren und auf den Boden einer gefetteten, 20 cm großen Kuchenform (Pfanne) mit lockerem Boden drücken. Kühlen, bis es fest ist.

Den Zitronensaft mit Wasser auf 150 ml/¼ pt/2/3 Tasse auffüllen. Die Gelatine darüberstreuen und stehen lassen, bis sie weich ist. Stellen Sie die Schüssel in einen Topf mit heißem Wasser und erhitzen Sie es vorsichtig, bis sich die Gelatine aufgelöst hat. Zitronenschale, Käse, Joghurt und Honig vermischen, dann die Gelatine unterrühren. Das Eiweiß verquirlen, bis eine steife Masse entsteht, dann vorsichtig unter die Käsekuchenmasse heben. Über den Boden geben und kalt stellen, bis er fest ist.

Mandarinen-Käsekuchen

Ergibt einen 20 cm großen Kuchen

200 g/7 oz/1¾ Tassen Verdauungskekskrümel (Graham Cracker).

75 g/3 oz/1/3 Tasse Butter oder Margarine, geschmolzen

Für den Belag:
275 g/10 oz/1 große Dose Mandarinen, abgetropft

15 g/½ oz/1 EL Gelatinepulver

30 ml/2 EL heißes Wasser

150 g/5 oz/2/3 Tasse Hüttenkäse

150 ml/¼ pt/2/3 Tasse Naturjoghurt

Mischen Sie die Kekskrümel und die Butter oder Margarine und drücken Sie sie auf den Boden eines 20 cm großen Tortenrings mit lockerem Boden. Kühlen. Die Mandarinen mit der Rückseite eines Löffels zerdrücken. Die Gelatine in einer kleinen Schüssel auf das Wasser streuen und schaumig rühren. Stellen Sie die Schüssel in einen Topf mit kochendem Wasser und lassen Sie es stehen, bis es sich aufgelöst hat. Mandarinen, Hüttenkäse und Joghurt vermischen. Gelatine unterrühren. Die Füllmischung über den Boden geben und kalt stellen, bis sie fest ist.

Zitronen-Nuss-Käsekuchen

Ergibt einen 20 cm großen Kuchen

Für die Basis:

225 g/8 oz/2 Tassen Verdauungskekskrümel (Graham Cracker).

25 g/1 oz/2 EL Puderzucker (superfein).

5 ml/1 TL gemahlener Zimt

50 g/2 oz/¼ Tasse Butter oder Margarine, geschmolzen

Für die Füllung:

15 g/½ oz/1 EL Gelatinepulver

30 ml/2 EL kaltes Wasser

2 Eier, getrennt

100 g/4 oz/½ Tasse Puderzucker (superfein).

350 g/12 oz/1½ Tassen Vollfett-Weichkäse

Abgeriebene Schale und Saft von 1 Zitrone

150 ml/¼ pt/2/3 Tasse doppelte (starke) Sahne

25 g/1 oz/¼ Tasse gehackte gemischte Nüsse

Kekskrümel, Zucker und Zimt unter die Butter oder Margarine rühren. Den Boden und die Seiten einer 20 cm großen Flanform (Pfanne) mit lockerem Boden andrücken. Kühlen.

Für die Füllung die Gelatine in einer kleinen Schüssel im Wasser auflösen. Stellen Sie die Schüssel in einen Topf mit heißem Wasser und rühren Sie, bis sich die Gelatine aufgelöst hat. Vom Herd nehmen und etwas abkühlen lassen. Eigelb und Zucker verrühren. Stellen Sie die Schüssel über einen Topf mit leicht siedendem Wasser und schlagen Sie weiter, bis die Mischung dick und leicht ist. Vom Herd nehmen und lauwarm schlagen. Käse, Zitronenschale und Saft unterheben. Sahne steif schlagen, dann mit den Nüssen unter die Masse heben. Gelatine vorsichtig unterrühren. Das Eiweiß steif schlagen und dann unter die Masse heben. In den Boden geben und vor dem Servieren mehrere Stunden oder über Nacht kalt stellen.

Limetten-Käsekuchen

Für 8 Personen

Für die Basis:

40 g/1½ oz/2 EL klarer Honig

50 g/2 oz/¼ Tasse Demerara-Zucker

225 g/8 oz/2 Tassen Haferflocken

100 g/4 oz/½ Tasse Butter oder Margarine, geschmolzen

Für die Füllung:

225 g/8 oz/1 Tasse Quark

250 ml/8 fl oz/1 Tasse Naturjoghurt

2 Eier, getrennt

50 g/2 oz/¼ Tasse Puderzucker (superfein).

Abgeriebene Schale und Saft von 2 Limetten

15 g/½ oz/1 EL Gelatinepulver

30 ml/2 EL kochendes Wasser

Honig, Demerara-Zucker und Haferflocken unter die Butter oder Margarine rühren. In den Boden einer gefetteten Kuchenform (20 cm/8 Zoll) drücken.

Für die Füllung Quark, Joghurt, Eigelb, Zucker und Limettenschale verrühren. Die Gelatine mit Limettensaft und heißem Wasser beträufeln und auflösen lassen. Über einer Schüssel mit heißem Wasser erwärmen, bis es durchsichtig ist, dann in die Mischung einrühren und vorsichtig rühren, bis es anfängt fest zu werden. Das Eiweiß verquirlen, bis sich weiche Spitzen bilden, dann unter die Masse heben. Auf den vorbereiteten Boden geben und fest werden lassen.

St. Clemens-Käsekuchen

Ergibt einen 20 cm großen Kuchen

50 g/2 oz/¼ Tasse Butter oder Margarine

100 g/4 oz/1 Tasse Verdauungskekskrümel (Graham Cracker).

2 Eier, getrennt

Eine Prise Salz

100 g/4 oz/½ Tasse Puderzucker (superfein).

45 ml/3 EL Orangensaft

45 ml/3 EL Zitronensaft

15 g/½ oz/1 EL Gelatine

30 ml/2 EL kaltes Wasser

350 g/12 oz/1½ Tassen Hüttenkäse, gesiebt

150 ml/¼ pt/2/3 Tasse doppelte (starke) Sahne, geschlagen

1 Orange, geschält und in Scheiben geschnitten

Reiben Sie eine 20 cm große Kuchenform mit lockerem Boden mit der Butter ein und bestreuen Sie sie mit den Keksbröseln. Das Eigelb mit dem Salz und der Hälfte des Zuckers dick-cremig schlagen. Geben Sie den Orangen- und Zitronensaft in eine Schüssel und rühren Sie über einem Topf mit heißem Wasser, bis die Mischung anfängt einzudicken und die Rückseite eines Löffels zu bedecken. Die Gelatine im kalten Wasser auflösen und leicht erhitzen, bis ein Sirup entsteht. Unter die Fruchtsaftmischung rühren, dann unter gelegentlichem Rühren abkühlen lassen. Hüttenkäse und Sahne unterrühren. Das Eiweiß steif schlagen, dann den restlichen Zucker unterheben. Unter die Käsekuchenmasse heben und in die Kuchenform füllen. Kühlen, bis es fest ist. Herausnehmen und mit losen Krümeln bestreuen. Mit Orangenscheiben dekoriert servieren.

Paschka

Ergibt einen 23 cm großen Kuchen

450 g/1 Pfund/2 Tassen Frischkäse

100 g/4 oz/½ Tasse Butter oder Margarine, weich

150 g/5 oz/2/3 Tasse Puderzucker (superfein).

150 ml/¼ pt/2/3 Tasse saure Sahne

175 g/6 oz/1 Tasse Sultaninen (goldene Rosinen)

50 g/2 oz/¼ Tasse glacierte (kandierte) Kirschen

100 g/4 oz/1 Tasse Mandeln

50 g/2 oz/1/3 Tasse gehackte gemischte (kandierte) Schale

Käse, Butter oder Margarine, Zucker und Sauerrahm gut verrühren. Restliche Zutaten unterrühren. In eine Savarinform füllen, abdecken und über Nacht kalt stellen. Tauchen Sie die Form einige Sekunden lang in einen Topf mit heißem Wasser, fahren Sie mit einem Messer über den Rand der Form und stürzen Sie den Käsekuchen auf einen Teller. Vor dem Servieren kalt stellen.

Leichter Ananas-Käsekuchen

Ergibt einen 25 cm großen Kuchen

225 g/8 oz/1 Tasse Butter oder Margarine

225 g/8 oz/2 Tassen Verdauungskekskrümel (Graham Cracker).

450 g/1 Pfund/2 Tassen Quark

1 Ei, geschlagen

5 ml/1 TL Mandelessenz (Extrakt)

15 ml/1 EL feinster Zucker

25 g/1 oz/¼ Tasse gemahlene Mandeln

100 g Ananas aus der Dose, gehackt

Die Hälfte der Butter oder Margarine schmelzen und die Kekskrümel unterrühren. In den Boden einer Tortenform mit 25 cm Durchmesser drücken und abkühlen lassen. Restliche Butter oder Margarine mit Quark, Ei, Mandelessenz, Zucker und gemahlenen Mandeln schaumig rühren. Ananas unterrühren. Auf dem Keksboden verteilen und 2 Stunden kalt stellen.

Ananas-Käsekuchen

Ergibt einen 20 cm großen Kuchen

75 g/3 oz/1/3 Tasse Butter oder Margarine, geschmolzen

175 g/6 oz/1½ Tassen Verdauungskekskrümel (Graham Cracker).

15 g/½ oz/1 EL Gelatinepulver

425 g/15 oz/1 große Dose Ananas in natürlichem Saft, abgetropft und entsaftet

3 Eier, getrennt

75 g/3 oz/1/3 Tasse Puderzucker (superfein).

150 ml/¼ pt/2/3 Tasse einfache (helle) Sahne

150 ml/¼ pt/2/3 Tasse doppelte (starke) Sahne

225 g/8 oz/2 Tassen Cheddar-Käse, gerieben

150 ml/¼ pt/2/3 Tasse Milch

150 ml/¼ pt/2/3 Tasse Schlagsahne

Butter oder Margarine mit den Kekskrümeln vermischen und auf den Boden eines 20 cm großen Tortenrings drücken. Kühlen, bis es fest ist.
30 ml/2 EL des zurückbehaltenen Ananassaftes in einer Schüssel mit der Gelatine bestreuen und schwammig aufgehen lassen. Etwas von der Ananas zur Dekoration aufbewahren, den Rest hacken und auf dem Keksboden anrichten. Stellen Sie die Schüssel in einen Topf mit heißem Wasser und lassen Sie es stehen, bis es sich aufgelöst hat. Eigelb, Zucker und 150 ml/¼ pt/2/3 Tasse des zurückbehaltenen Ananassafts in einer hitzebeständigen Schüssel über einem Topf mit leicht siedendem Wasser verquirlen, bis die Mischung dick ist und in Streifen vom Schneebesen läuft. Vom Herd nehmen. Sahne und Sahne schaumig schlagen, Käse und Milch unterrühren und mit der Gelatine unter die Eiermasse heben. Abkühlen lassen. Das Eiweiß steif schlagen und vorsichtig

unter die Masse heben. Über die Ananas geben und kalt stellen, bis sie fest ist.

Schlagsahne aufschlagen, Rosetten auf den Kuchen spritzen und mit der beiseite gestellten Ananas dekorieren.

Rosinen-Käsekuchen

Für 8 Personen

Für die Basis:

100 g Butter oder Margarine

40 g/1½ oz/2 EL klarer Honig

50 g/2 oz/¼ Tasse Demerara-Zucker

225 g/8 oz/2 Tassen Haferflocken

Für die Füllung:

225 g/8 oz/1 Tasse Hüttenkäse

150 ml/¼ pt/2/3 Tasse Naturjoghurt

150 ml/¼ pt/2/3 Tasse saure Sahne

50 g/2 oz/1/3 Tasse Rosinen

15 g/½ oz/1 EL Gelatinepulver

60 ml/4 EL kochendes Wasser

Butter oder Margarine schmelzen, dann Honig, Zucker und Haferflocken unterrühren. In den Boden einer gefetteten Kuchenform (20 cm/8 Zoll) drücken.

Für die Füllung den Hüttenkäse in eine Schüssel sieben und mit Joghurt und Sauerrahm vermischen. Rosinen unterrühren. Die Gelatine über das heiße Wasser streuen und stehen lassen, bis sie sich aufgelöst hat. Über einer Schüssel mit heißem Wasser erwärmen, bis es durchsichtig ist, dann in die Mischung einrühren und vorsichtig rühren, bis es anfängt fest zu werden. Auf den vorbereiteten Boden geben und fest werden lassen.

Himbeerkäsekuchen

Ergibt einen 15 cm großen Kuchen

75 g/3 oz/1/3 Tasse Butter oder Margarine, geschmolzen

175 g/6 oz/1½ Tassen Verdauungskekskrümel (Graham Cracker).

3 Eier, getrennt

300 ml/½ pt/1¼ Tassen Milch

25 g/1 oz/2 EL Puderzucker (superfein).

15 g/½ oz/1 EL Gelatine

30 ml/2 EL kaltes Wasser

225 g/8 oz/1 Tasse Frischkäse, leicht geschlagen

Abgeriebene Schale und Saft einer halben Zitrone

450 g/1 Pfund Himbeeren

Butter oder Margarine und Kekse vermischen und auf den Boden einer 15-cm-Kuchenform (Pfanne) mit lockerem Boden drücken. Während der Füllung kalt stellen.

Das Eigelb verquirlen, dann mit der Milch in einen Topf gießen und unter ständigem Rühren vorsichtig erhitzen, bis die Creme eindickt. Vom Herd nehmen und den Zucker einrühren. Die Gelatine über das heiße Wasser streuen und stehen lassen, bis sie sich aufgelöst hat. Über einer Schüssel mit heißem Wasser erwärmen, bis es transparent ist, dann mit der Vanillesoße, der Zitronenschale und dem Saft unter den Käse rühren. Das Eiweiß steif schlagen, dann unter die Masse heben und über den Boden löffeln. Zum Festwerden kalt stellen. Kurz vor dem Servieren mit den Himbeeren dekorieren.

Sizilianischer Käsekuchen

Ergibt einen 25 cm großen Kuchen

900 g/2 Pfund/4 Tassen Ricotta-Käse

100 g/4 oz/2/3 Tasse Puderzucker

5 ml/1 TL geriebene Orangenschale

100 g/4 oz/1 Tasse reine (halbsüße) Schokolade, gerieben

275 g/10 oz gehackte gemischte Früchte

275 g/10 oz Biskuitkekse (Kekse) oder Biskuitkuchen, in Scheiben geschnitten

175 ml/6 fl oz/¾ Tasse Rum

Den Ricotta mit der Hälfte des Zuckers und der Orangenschale verrühren. Von der Schokolade und den Früchten 15 ml/1 EL zum Dekorieren aufheben und den Rest unter die Masse heben. Eine 25 cm große Kuchenform mit Frischhaltefolie auslegen. Tauchen Sie die Kekse oder den Biskuitteig in den Rum, um ihn anzufeuchten, und bestreichen Sie dann den Boden und die Seiten der Form größtenteils damit. Die Käsemischung darin verteilen. Die restlichen Kekse in den Rum tauchen und die Käsemischung damit bedecken. Mit Frischhaltefolie (Plastikfolie) abdecken und andrücken. 1 Stunde kalt stellen, bis es fest ist. Mit Hilfe der Frischhaltefolie stürzen, mit restlichem Puderzucker bestäuben und mit der beiseite gestellten Schokolade und Früchten dekorieren.

Glasierter Joghurt-Käsekuchen

Ergibt einen 23 cm großen Kuchen

Für die Basis:

2 Eier

75 g/3 oz/¼ Tasse klarer Honig

100 g/4 oz/1 Tasse Vollkornmehl

10 ml/2 TL Backpulver

Ein paar Tropfen Vanilleessenz (Extrakt)

Für die Füllung:

25 g/1 oz/2 EL Gelatinepulver

30 ml/2 EL feinster Zucker

75 ml/5 EL Wasser

225 g/8 oz/1 Tasse Naturjoghurt

225 g/8 oz/1 Tasse weicher Frischkäse

75 g/3 oz/¼ Tasse klarer Honig

250 ml/8 fl oz/1 Tasse Schlagsahne

Für den Belag:

100 g Himbeeren

45 ml/3 EL Marmelade (konserviert)

15 ml/1 EL Wasser

Für den Boden Eier und Honig schaumig schlagen. Nach und nach Mehl, Backpulver und Vanilleessenz unterrühren, bis ein glatter Teig entsteht. Auf einer leicht bemehlten Oberfläche ausrollen und auf den Boden einer gefetteten Kuchenform (23 cm/9 Zoll) mit losem Boden legen. Im vorgeheizten Backofen bei 200 °C/400 °F/Gas Stufe 6 20 Minuten backen. Aus dem Ofen nehmen und abkühlen lassen.

Für die Füllung Gelatine und Zucker in einer kleinen Schüssel im Wasser auflösen und die Mischung dann in einem Topf mit heißem Wasser stehen lassen, bis sie durchsichtig ist. Aus dem Wasser nehmen und etwas abkühlen lassen. Joghurt, Frischkäse und Honig gut verrühren. Sahne steif schlagen. Die Sahne unter die Joghurtmasse heben, dann die Gelatine unterheben. Über den Boden geben und fest werden lassen.

Ordnen Sie die Himbeeren in einem schönen Muster darüber an. Die Marmelade mit dem Wasser schmelzen, dann durch ein Sieb streichen. Den Käsekuchen damit bestreichen und vor dem Servieren kalt stellen.

Erdbeer-Käsekuchen

Ergibt einen 20 cm großen Kuchen

100 g/4 oz/1 Tasse Verdauungskekskrümel (Graham Cracker).

25 g/1 oz/2 EL Demerara-Zucker

50 g/2 oz/¼ Tasse Butter oder Margarine, geschmolzen

15 ml/1 EL Pulvergelatine

45 ml/3 EL Wasser

350 g/12 oz/1½ Tassen Hüttenkäse

50 g/2 oz/¼ Tasse Puderzucker (superfein).

Abgeriebene Schale und Saft von 1 Zitrone

2 Eier, getrennt

300 ml/½ pt/1¼ Tassen einfache (helle) Sahne

100 g Erdbeeren, in Scheiben geschnitten

120 ml/4 fl oz/½ Tasse doppelte (starke) Sahne, geschlagen

Kekskrümel, Demerara-Zucker und Butter oder Margarine vermischen und auf den Boden einer 20 cm großen Flanform (Pfanne) mit lockerem Boden drücken. Kühlen, bis es fest ist.

Die Gelatine auf das Wasser streuen und schaumig rühren. Stellen Sie die Schüssel in einen Topf mit heißem Wasser und lassen Sie sie durchsichtig werden. Käse, Puderzucker, Zitronenschale und -saft, Eigelb und Sahne verrühren. Gelatine unterrühren. Das Eiweiß steif schlagen und dann unter die Käsemasse heben. Über den Boden geben und kalt stellen, bis es fest ist.

Die Erdbeeren oben auf dem Käsekuchen verteilen und die Sahne zum Dekorieren um den Rand spritzen.

Sultaninen-Brandy-Käsekuchen

Ergibt einen 20 cm großen Kuchen

100 g/4 oz/2/3 Tasse Sultaninen (goldene Rosinen)

45 ml/3 EL Brandy

100 g/4 oz/½ Tasse Butter oder Margarine, weich

100 g/4 oz/½ Tasse weicher brauner Zucker

75 g/3 oz/¾ Tasse einfaches (Allzweck-)Mehl

75 g/3 oz/¾ Tasse gemahlene Mandeln

2 Eier, getrennt

225 g/8 oz/1 Tasse Frischkäse

100 g/4 oz/½ Tasse Quarkkäse (glatter Hüttenkäse).

Ein paar Tropfen Vanilleessenz (Extrakt)

150 ml/¼ pt/2/3 Tasse doppelte (starke) Sahne

Die Sultaninen mit dem Brandy in eine Schüssel geben und darin einweichen, bis sie prall sind. Butter oder Margarine und 50 g/2 oz/¼ Tasse Zucker cremig rühren, bis die Masse hell und schaumig ist. Mehl und gemahlene Mandeln untermischen und zu einem Teig verrühren. In eine gefettete 20-cm-Kuchenform (Pfanne) mit losem Boden drücken und im vorgeheizten Ofen bei 180 °C/350 °F/Gas Stufe 4 12 Minuten lang backen, bis er braun ist. Abkühlen lassen.

Eigelb mit der Hälfte des restlichen Zuckers verrühren. Käse, Vanilleessenz, Sultaninen und Brandy unterrühren. Sahne steif schlagen, dann unter die Masse heben. Das Eiweiß steif schlagen, dann den restlichen Zucker einrühren und erneut schlagen, bis es steif und glänzend ist. Unter die Käsemischung heben. Über den gekochten Boden geben und mehrere Stunden kalt stellen, bis er fest ist.

Gebackener Käsekuchen

Ergibt einen 20 cm großen Kuchen

50 g/2 oz/¼ Tasse Butter oder Margarine, geschmolzen

225 g/8 oz/2 Tassen Verdauungskekskrümel (Graham Cracker).

225 g/8 oz/1 Tasse Hüttenkäse

100 g/4 oz/½ Tasse Puderzucker (superfein).

3 Eier, getrennt

25 g/1 oz/¼ Tasse Maismehl (Maisstärke)

2,5 ml/½ TL Vanilleessenz (Extrakt)

400 ml/14 fl oz/1¾ Tassen Sauerrahm (Milchsauerrahm).

Butter oder Margarine und Kekskrümel vermischen und auf den Boden einer gefetteten, 20 cm großen Kuchenform (Pfanne) mit lockerem Boden drücken. Alle restlichen Zutaten außer dem Eiweiß vermischen. Das Eiweiß steif schlagen, dann unter die Masse heben und über den Keksboden löffeln. Im vorgeheizten Backofen bei 150 °C/300 °F/Gas Stufe 3 1½ Stunden backen. Schalten Sie den Ofen aus und öffnen Sie die Tür leicht. Lassen Sie den Käsekuchen im Ofen, bis er abgekühlt ist.

Gebackene Käsekuchenriegel

Macht 16

75 g/3 oz/1/3 Tasse Butter oder Margarine

100 g/4 oz/1 Tasse einfaches (Allzweck-)Mehl

75 g/3 oz/1/3 Tasse weicher brauner Zucker

50 g/2 oz/½ Tasse gehackte Pekannüsse

225 g/8 oz/1 Tasse Frischkäse

50 g/2 oz/¼ Tasse Puderzucker (superfein).

1 Ei

30 ml/2 EL Milch

5 ml/1 TL Zitronensaft

2,5 ml/½ TL Vanilleessenz (Extrakt)

Reiben Sie Butter oder Margarine in das Mehl, bis die Mischung wie Semmelbrösel aussieht. Braunen Zucker und Nüsse unterrühren. Drücken Sie alles bis auf 100 g/4 oz/1 Tasse der Mischung in eine gefettete 20 cm/8 Zoll große Kuchenform (Pfanne). Im vorgeheizten Backofen bei 180 °C/350 °F/Gas Stufe 4 15 Minuten backen, bis sie leicht gebräunt sind.

Frischkäse und Puderzucker glatt rühren. Ei, Milch, Zitronensaft und Vanilleessenz unterrühren. Die Masse auf dem Kuchen in der Form verteilen und mit der beiseite gestellten Butter-Nuss-Mischung bestreuen. Weitere 30 Minuten backen, bis der Teig fest ist und oben leicht goldbraun ist. Abkühlen lassen, dann kalt stellen und kalt servieren.

Amerikanischer Käsekuchen

Ergibt einen 23 cm großen Kuchen

175 g/6 oz/1½ Tassen Verdauungskekskrümel (Graham Cracker).

15 ml/1 EL feinster Zucker

50 g/2 oz/¼ Tasse Butter oder Margarine, geschmolzen

Für die Füllung:

450 g/1 Pfund/2 Tassen Frischkäse

450 g/1 Pfund/2 Tassen Hüttenkäse

250 g/9 oz/großzügig 1 Tasse Puderzucker (superfein).

10 ml/2 TL Vanilleessenz (Extrakt)

5 Eier, getrennt

400 ml/14 fl oz/1 große Dose Kondensmilch

120 ml/4 fl oz/½ Tasse doppelte (starke) Sahne

30 ml/2 EL einfaches (Allzweck-)Mehl

Eine Prise Salz

15 ml/1 EL Zitronensaft

Mischen Sie die Kekskrümel und den Zucker mit der geschmolzenen Butter und drücken Sie sie auf den Boden einer 23 cm großen Kuchenform (Pfanne) mit losem Boden.

Für die Füllung die Käsesorten vermischen und dann den Zucker und die Vanilleessenz hinzufügen. Eigelb, Kondensmilch, Sahne, Mehl, Salz und Zitronensaft unterrühren. Das Eiweiß steif schlagen und vorsichtig unter die Masse heben. In die Kuchenform füllen und im vorgeheizten Backofen bei 180 °C/350 °F/Gas Stufe 4 45 Minuten backen. Langsam abkühlen lassen, dann vor dem Servieren kalt stellen.

Gebackener niederländischer Apfelkäsekuchen

Ergibt einen 20 cm großen Kuchen

100 g Butter oder Margarine

175 g/6 oz/1½ Tassen Verdauungskekskrümel (Graham Cracker).

2 Essäpfel (Dessertäpfel), geschält, entkernt und in Scheiben geschnitten

100 g/4 oz/2/3 Tasse Sultaninen (goldene Rosinen)

225 g/8 oz/2 Tassen Gouda-Käse, gerieben

25 g/1 oz/¼ Tasse einfaches (Allzweck-)Mehl

75 ml/5 EL einfache (helle) Sahne

2,5 ml/½ TL gemahlenes gemischtes (Apfelkuchen-)Gewürz

Abgeriebene Schale und Saft von 1 Zitrone

3 Eier, getrennt

100 g/4 oz/¾ Tasse Puderzucker (superfein).

2 rotschalige Äpfel, entkernt und in Scheiben geschnitten

30 ml/2 EL Aprikosenmarmelade (Konfitüre), gesiebt (abgesiebt)

Die Hälfte der Butter oder Margarine schmelzen und die Kekskrümel unterrühren. Drücken Sie die Mischung in den Boden einer Kuchenform (Pfanne) mit lockerem Boden und einem Durchmesser von 20 cm. Die restliche Butter schmelzen und die Essäpfel anbraten (sautieren), bis sie weich und goldbraun sind. Überschüssiges Fett abtropfen lassen, etwas abkühlen lassen, dann auf dem Keksboden verteilen und mit den Rosinen bestreuen.

Käse, Mehl, Sahne, Gewürzmischung, Zitronensaft und -schale vermischen. Eigelb und Zucker vermischen und unter die Käsemischung rühren, bis alles gut vermischt ist. Das Eiweiß steif schlagen und dann unter die Masse heben. In die vorbereitete

Aprikosen-Ricotta-Käsekuchen

Ergibt einen 23 cm großen Kuchen

100 g Butter oder Margarine

225 g/8 oz/2 Tassen Verdauungskekskrümel (Graham Cracker).

75 g/3 oz/1/3 Tasse Puderzucker (superfein).

5 ml/1 TL gemahlener Zimt

900 g/2 Pfund/4 Tassen Ricotta-Käse

30 ml/2 EL einfaches (Allzweck-)Mehl

2,5 ml/½ TL Vanilleessenz (Extrakt)

Abgeriebene Schale von 1 Zitrone

3 Eigelb

350 g/12 oz Aprikosen, entsteint (entkernt) und halbiert

50 g/2 oz/½ Tasse Mandelblättchen

Die Butter schmelzen, dann die Kekskrümel, 30 ml/2 EL Zucker und Zimt unterrühren. Drücken Sie die Mischung in eine gefettete Kuchenform (23 cm/9 Zoll) mit losem Boden. Den Ricotta-Käse mit dem restlichen Zucker, Mehl, Vanilleessenz und Zitronenschale 2 Minuten lang verrühren. Nach und nach das Eigelb unterrühren, bis die Masse glatt ist. Die Hälfte der Füllung über den Keksboden geben. Die Aprikosen auf der Füllung verteilen, mit Mandeln bestreuen und die restliche Füllung darüber löffeln. Im vorgeheizten Backofen bei 180 °C/350 °F/Gas Stufe 4 15 Minuten backen, bis es sich fest anfühlt. Abkühlen lassen, dann kalt stellen.

Boston-Käsekuchen

Ergibt einen 23 cm großen Kuchen

225 g/8 oz/2 Tassen einfache Kekskrümel

50 g/2 oz/¼ Tasse Puderzucker (superfein).

2,5 ml/½ TL gemahlener Zimt

Eine Prise geriebene Muskatnuss

75 g/3 oz/1/3 Tasse Butter oder Margarine, geschmolzen

Für die Füllung:

4 Eier, getrennt

225 g/8 oz/1 Tasse Puderzucker (superfein).

250 ml/8 fl oz/1 Tasse Sauerrahm

5 ml/1 TL Vanilleessenz (Extrakt)

30 ml/2 EL einfaches (Allzweck-)Mehl

Eine Prise Salz

450 g/1 Pfund/2 Tassen Frischkäse

Kekskrümel, Zucker, Zimt und Muskatnuss unter die geschmolzene Butter mischen und dann in den Boden und die Seiten einer 23 cm großen Flanform (Pfanne) mit lockerem Boden drücken. Das Eigelb schlagen, bis es dick und cremig ist. Das Eiweiß steif schlagen, 50 g/2 oz/¼ Tasse Zucker unterheben und weiter schlagen, bis es steif und glänzend ist. Sauerrahm und Vanilleessenz unter die Eigelbe rühren, dann den restlichen Zucker, das Mehl und das Salz unterrühren. Den Käse vorsichtig unterrühren, dann das Eiweiß unterheben. In den Boden geben und im vorgeheizten Ofen bei 160 °C/325 °F/Gasstufe 3 1 Stunde lang backen, bis er sich gerade noch fest anfühlt. Abkühlen lassen und vor dem Servieren kalt stellen.

Gebackener karibischer Käsekuchen

Ergibt einen 23 cm großen Kuchen

Für die Basis:

100 g/4 oz/1 Tasse einfaches (Allzweck-)Mehl

25 g/1 oz/¼ Tasse gemahlene Mandeln

25 g/1 oz/2 EL weicher brauner Zucker

50 g Butter oder Margarine, geschmolzen und abgekühlt

1 Ei

15 ml/1 EL Milch

Für die Füllung:

75 g/3 oz/½ Tasse Rosinen

15–30 ml/1–2 EL Rum (nach Geschmack)

225 g/8 oz/1 Tasse Quarkkäse (glatter Hüttenkäse).

50 g/2 oz/¼ Tasse Butter oder Margarine

25 g/1 oz/¼ Tasse gemahlene Mandeln

50 g/2 oz/¼ Tasse Puderzucker (superfein).

2 Eier

Für die Basis Mehl, Mandeln und braunen Zucker vermischen. Butter oder Margarine, Ei und Milch unterrühren und zu einem weichen Teig verrühren. Ausrollen und den Boden einer gefetteten 23 cm/9 Zoll großen Kuchenform (Pfanne) formen, mit einer Gabel rundherum einstechen und im vorgeheizten Backofen bei 190 °C/375 °F/Gas Stufe 5 10 Minuten lang backen, bis der Teig hell ist golden.

Für die Füllung die Rosinen im Rum einweichen, bis sie dick sind. Käse, Butter, gemahlene Mandeln und Puderzucker vermischen.

Die Eier untermischen, dann die Rosinen und den Rum nach Geschmack unterheben. Über den Boden geben und im vorgeheizten Ofen 10 Minuten backen, bis es goldbraun ist und sich leicht fest anfühlt.

Gebackener Schokoladenkäsekuchen

Ergibt einen 23 cm großen Kuchen

Für die Basis:

100 g/4 oz/1 Tasse Ingwerkekskrümel

15 ml/1 EL Zucker

50 g/2 oz/¼ Tasse Butter, geschmolzen

Für die Füllung:

175 g/6 oz/1½ Tassen einfache (halbsüße) Schokolade

225 g/8 oz/1 Tasse Puderzucker (superfein).

30 ml/2 EL Kakaopulver (ungesüßte Schokolade).

450 g/1 Pfund/2 Tassen Frischkäse

120 ml/4 fl oz/½ Tasse Sauerrahm

5 ml/1 TL Vanilleessenz (Extrakt)

4 Eier, leicht geschlagen

Für den Boden die Kekse und den Zucker mit der geschmolzenen Butter vermischen und in den Boden einer gefetteten Kuchenform (23 cm/9 Zoll) mit losem Boden drücken. Für die Füllung die Schokolade mit der Hälfte des Zuckers und dem Kakao in einer hitzebeständigen Schüssel schmelzen, die über einem Topf mit leicht siedendem Wasser steht. Vom Herd nehmen und etwas abkühlen lassen. Den Käse schaumig schlagen, dann nach und nach den restlichen Zucker, den Sauerrahm und die Vanilleessenz unterrühren. Nach und nach die Eier unterrühren, dann die

Schokoladenmischung unterrühren und über den vorbereiteten Boden löffeln. Im vorgeheizten Backofen bei 180 °C/350 °F/Gas Stufe 4 40 Minuten backen, bis es sich fest anfühlt.

Schokoladen-Nuss-Käsekuchen

Ergibt einen 23 cm großen Kuchen

Für die Basis:

100 g/4 oz/1 Tasse Verdauungskekskrümel (Graham Cracker).

100 g/4 oz/½ Tasse Puderzucker (superfein).

50 g/2 oz/¼ Tasse Butter, geschmolzen

Für die Füllung:

175 g/6 oz/1½ Tassen einfache (halbsüße) Schokolade

50 g/2 oz/¼ Tasse Puderzucker (superfein).

30 ml/2 EL Kakaopulver (ungesüßte Schokolade).

450 g/1 Pfund/2 Tassen Frischkäse

25 g/1 oz/¼ Tasse gemahlene Mandeln

120 ml/4 fl oz/½ Tasse Sauerrahm

5 ml/1 TL Mandelessenz (Extrakt)

4 Eier, leicht geschlagen

Um den Boden zuzubereiten, mischen Sie die Kekskrümel und 100 g/4 oz/½ Tasse Zucker mit der geschmolzenen Butter und drücken Sie sie in den Boden einer gefetteten 23 cm/9 Zoll großen Kuchenform (Pfanne) mit losem Boden. Für die Füllung die Schokolade mit Zucker und Kakao in einer hitzebeständigen Schüssel über einem Topf mit leicht siedendem Wasser schmelzen. Vom Herd nehmen und etwas abkühlen lassen. Den Käse hell schlagen, dann nach und nach den restlichen Zucker, die gemahlenen Mandeln, die saure Sahne und das Mandelessenz untermischen. Nach und nach die Eier unterrühren, dann die Schokoladenmischung unterrühren und über den vorbereiteten Boden löffeln. Im vorgeheizten Backofen bei 180 °C/350 °F/Gas Stufe 4 40 Minuten backen, bis es sich fest anfühlt.

Deutscher Käsekuchen

Ergibt einen 23 cm großen Kuchen

Für die Basis

25 g/1 oz/2 EL Butter oder Margarine

225 g/8 oz/2 Tassen einfaches (Allzweck-)Mehl

2,5 ml/½ TL Backpulver

50 g/2 oz/¼ Tasse Puderzucker (superfein).

1 Eigelb

15 ml/1 EL Milch

Für die Füllung:

900 g/2 Pfund/4 Tassen Hüttenkäse

225 g/8 oz/1 Tasse Puderzucker (superfein).

50 g/2 oz/¼ Tasse Butter oder Margarine, geschmolzen

250 ml/8 fl oz/1 Tasse doppelte (starke) Sahne

5 ml/1 TL Vanilleessenz (Extrakt)

4 Eier, leicht geschlagen

175 g/6 oz/1 Tasse Sultaninen (goldene Rosinen)

15 ml/1 EL Speisestärke (Maisstärke)

Eine Prise Salz

Für den Boden Butter oder Margarine in Mehl und Backpulver einreiben, dann den Zucker einrühren und in der Mitte eine Mulde formen. Eigelb und Milch unterrühren und zu einem recht weichen Teig verrühren. In den Boden einer quadratischen Kuchenform (23 cm/9 Zoll) drücken.

Für die Füllung überschüssige Flüssigkeit aus dem Hüttenkäse abtropfen lassen und dann Zucker, zerlassene Butter, Sahne und Vanilleessenz unterrühren. Eier unterrühren. Die Sultaninen in der

Maisstärke und dem Salz wenden, bis sie bedeckt sind, und dann unter die Mischung rühren. Auf den Boden geben und im vorgeheizten Backofen bei 230 °C/450 °F/Gas Stufe 8 10 Minuten backen. Reduzieren Sie die Ofentemperatur auf 190 °C/375 °F/Gasstufe 5 und backen Sie eine weitere Stunde lang, bis es sich fest anfühlt. In der Form abkühlen lassen, dann kalt stellen.

Irischer Sahnelikör-Käsekuchen

Ergibt einen 23 cm großen Kuchen

Für die Basis:

225 g/8 oz/2 Tassen Verdauungskekskrümel (Graham Cracker).

50 g/2 oz/½ Tasse gemahlene Mandeln

100 g/4 oz/½ Tasse Puderzucker (superfein).

100 g/4 oz/½ Tasse Butter oder Margarine, geschmolzen

Für die Füllung:

900 g Frischkäse

225 g/8 oz/1 Tasse Puderzucker (superfein).

5 ml/1 TL Vanilleessenz (Extrakt)

175 ml/6 fl oz/¾ Tasse irischer Sahnelikör

3 Eier

Für den Belag:

250 ml/8 fl oz/1 Tasse Sauerrahm

60 ml/4 EL irischer Sahnelikör

50 g/2 oz/¼ Tasse Puderzucker (superfein).

Für den Boden Keksbrösel, Mandeln und Zucker mit der geschmolzenen Butter oder Margarine vermischen und in den Boden und die Seiten einer Springform (23 cm/9 Zoll) drücken. Kühlen.

Für die Füllung Frischkäse und Zucker glatt rühren. Vanilleessenz und Likör unterrühren. Nach und nach die Eier unterrühren. Auf den Boden geben und im vorgeheizten Backofen bei 180 °C/350 °F/Gas Stufe 4 40 Minuten backen.

Für den Belag Sahne, Likör und Zucker schaumig schlagen. Über den Käsekuchen geben und gleichmäßig verteilen. Den

Käsekuchen für weitere 5 Minuten in den Ofen stellen. Abkühlen lassen und vor dem Servieren kalt stellen.

Amerikanischer Zitronen-Nuss-Käsekuchen

Ergibt einen 20 cm großen Kuchen

Für die Basis:

225 g/8 oz/2 Tassen Verdauungskekskrümel (Graham Cracker).

25 g/1 oz/2 EL Puderzucker (superfein).

5 ml/1 TL gemahlener Zimt

50 g/2 oz/¼ Tasse Butter oder Margarine, geschmolzen

Für die Füllung:

2 Eier, getrennt

100 g/4 oz/½ Tasse Puderzucker

350 g/12 oz/1½ Tassen Vollfett-Weichkäse

Abgeriebene Schale und Saft von 1 Zitrone

150 ml/¼ pt/2/3 Tasse doppelte (starke) Sahne

25 g/1 oz/¼ Tasse gehackte gemischte Nüsse

Für den Boden Krümel, Zucker und Zimt unter die Butter oder Margarine rühren. Den Boden und die Seiten einer 20 cm großen Flanform (Pfanne) mit lockerem Boden andrücken. Kühlen.

Für die Füllung Eigelb und Zucker schaumig schlagen. Käse, Zitronenschale und Saft unterheben. Die Sahne steif schlagen und dann unter die Masse heben. Das Eiweiß steif schlagen und dann unter die Masse heben. Auf den Boden geben und im vorgeheizten Backofen bei 160 °C/325 °F/Gas Stufe 3 45 Minuten backen. Mit den Nüssen bestreuen und für weitere 20 Minuten in den Ofen stellen. Schalten Sie den Ofen aus und lassen Sie den Käsekuchen im Ofen abkühlen. Kühlen Sie ihn dann vor dem Servieren ab.

Orangenkäsekuchen

Ergibt einen 23 cm großen Kuchen

Für die Basis:
100 g/4 oz/1 Tasse zerkleinerte Waffelkekse (Kekse)

2,5 ml/½ TL gemahlener Zimt

15 ml/1 EL Eiweiß

Für die Füllung:
450 g/1 Pfund/2 Tassen Hüttenkäse

225 g/8 oz/1 Tasse Frischkäse

75 g/3 oz/1/3 Tasse Puderzucker (superfein).

15 ml/1 EL einfaches (Allzweck-)Mehl

30 ml/2 EL Orangensaft

10 ml/2 TL abgeriebene Orangenschale

5 ml/1 TL Vanilleessenz (Extrakt)

1 große Orange, in Stücke geschnitten und die Membranen entfernt

100 g Erdbeeren, in Scheiben geschnitten

Für die Basis die Waffelkruste mit Zimt vermischen. Das Eiweiß schaumig schlagen und dann unter die Brösel mischen. Drücken Sie die Mischung in den Boden einer Flanform (Pfanne) mit lockerem Boden und einem Durchmesser von 23 cm. Im vorgeheizten Backofen bei 180 °C/350 °F/Gas Stufe 4 10 Minuten backen. Aus dem Ofen nehmen und abkühlen lassen. Reduzieren Sie die Ofentemperatur auf 150 °C/300 °F/Gas Stufe 2.

Für die Füllung Käse, Zucker, Mehl, Orangensaft, Schale und Vanilleessenz glatt rühren. Auf den Boden geben und im vorgeheizten Backofen 35 Minuten backen, bis der Teig fest ist. Abkühlen lassen, dann kalt stellen, bis es fest ist. Mit Orangen und Erdbeeren dekorieren.

Ricotta-Käsekuchen

Ergibt einen 23 cm großen Kuchen

Für die Basis:

25 g/1 oz/2 EL Puderzucker (superfein).

5 ml/1 TL abgeriebene Zitronenschale

100 g/4 oz/1 Tasse einfaches (Allzweck-)Mehl

Ein paar Tropfen Vanilleessenz (Extrakt)

1 Eigelb

25 g/1 oz/2 EL Butter oder Margarine

Für den Belag:

750 g/1½ lb/3 Tassen Ricotta-Käse

225 g/8 oz/1 Tasse Puderzucker (superfein).

120 ml/4 fl oz/½ Tasse doppelte (starke) Sahne

45 ml/3 EL einfaches (Allzweck-)Mehl

5 ml/1 TL Vanilleessenz (Extrakt)

5 Eier, getrennt

150 g Himbeeren oder Erdbeeren

Für den Boden Zucker, Zitronenschale und Mehl verrühren, dann Vanilleessenz, Eigelb und Butter oder Margarine hinzufügen. Weiter schlagen, bis die Mischung einen Teig bildet. Die Hälfte des Teigs in eine gefettete Springform (23 cm/9 Zoll) drücken und im vorgeheizten Backofen bei 200 °C/400 °F/Gas Stufe 6 8 Minuten backen. Reduzieren Sie die Ofentemperatur auf 180 °C/350 °F/Gasstufe 4. Lassen Sie es abkühlen und drücken Sie dann die restliche Mischung rund um den Rand der Form.

Für den Belag den Ricotta-Käse cremig schlagen. Zucker, Sahne, Mehl, Vanilleessenz und Eigelb unterrühren. Das Eiweiß steif schlagen und dann unter die Masse heben. In die Kruste löffeln und im vorgeheizten Ofen 1 Stunde backen. In der Form abkühlen lassen, dann abkühlen lassen, bevor die Früchte zum Servieren darauf angerichtet werden.

Gebackener Käse-Sauerrahm-Käsekuchen

Ergibt einen 23 cm großen Kuchen

50 g/2 oz/¼ Tasse Butter oder Margarine, weich

50 g/2 oz/¼ Tasse Puderzucker (superfein).

1 Ei

350 g/12 oz/3 Tassen einfaches (Allzweck-)Mehl

Für die Füllung:

675 g/1½ lb/3 Tassen Frischkäse

15 ml/1 EL Zitronensaft

5 ml/1 TL abgeriebene Zitronenschale

175 g/6 oz/¾ Tasse Puderzucker (superfein).

3 Eier

250 ml/8 fl oz/1 Tasse Sauerrahm

5 ml/1 TL Vanilleessenz (Extrakt)

Für den Boden Butter oder Margarine und Zucker cremig rühren, bis die Masse leicht und locker ist. Nach und nach das Ei unterrühren, dann das Mehl unterheben, sodass ein Teig (Paste) entsteht. Ausrollen und damit eine gefettete Kuchenform (23 cm Durchmesser) auslegen und im vorgeheizten Backofen bei 220 °C/425 °F/Gas Stufe 7 5 Minuten backen.

Für die Füllung Frischkäse, Zitronensaft und Zitronenschale vermischen. 30 ml/2 EL Zucker aufheben und den Rest unter den Käse mischen. Nach und nach die Eier hinzufügen und die Mischung dann auf den Boden löffeln. Im vorgeheizten Backofen 10 Minuten backen, dann die Backofentemperatur auf 150 °C/300 °F/Gas Stufe 2 reduzieren und weitere 30 Minuten backen. Sauerrahm, beiseite gestellten Zucker und Vanilleessenz verrühren. Über den Kuchen verteilen, zurück in den Ofen stellen und weitere 10 Minuten backen. Abkühlen lassen und vor dem Servieren kalt stellen.

Leicht gebackener Käsekuchen mit Sultaninen

Ergibt einen 18 cm großen Kuchen

75 g/3 oz/1/3 Tasse Butter oder Margarine, geschmolzen

100 g/4 oz/1 Tasse Haferflocken

50 g/2 oz/1/3 Tasse Sultaninen (goldene Rosinen)

Für die Füllung:
50 g/2 oz/¼ Tasse Butter oder Margarine, weich

250 g/9 oz/großzügige 1 Tasse Quark

2 Eier

25 g/1 oz/3 EL Sultaninen (goldene Rosinen)

25 g/1 oz/¼ Tasse gemahlene Mandeln

Saft und abgeriebene Schale von 1 Zitrone

45 ml/3 EL Naturjoghurt

Butter oder Margarine, Haferflocken und Sultaninen vermischen. In den Boden einer gefetteten 18-cm-Kuchenform (Pfanne) drücken und im vorgeheizten Backofen bei 180 °C/350 °F/Gas Stufe 4 10 Minuten backen. Die Zutaten für die Füllung verrühren und über den Boden löffeln. Weitere 45 Minuten backen. Vor dem Stürzen in der Form abkühlen lassen.

Leicht gebackener Vanille-Käsekuchen

Ergibt einen 23 cm großen Kuchen

175 g/6 oz/1½ Tassen Verdauungskekskrümel (Graham Cracker).

225 g/8 oz/1 Tasse Puderzucker (superfein).

5 Eiweiß

50 g/2 oz/¼ Tasse Butter oder Margarine, geschmolzen

225 g/8 oz/1 Tasse Frischkäse

225 g/8 oz/1 Tasse Hüttenkäse

120 ml/4 fl oz/½ Tasse Milch

30 ml/2 EL einfaches (Allzweck-)Mehl

5 ml/1 TL Vanilleessenz (Extrakt)

Eine Prise Salz

Mischen Sie die Kekskrümel und 50 g/2 oz/¼ Tasse Zucker. Schlagen Sie ein Eiweiß leicht auf, rühren Sie es in die Butter oder Margarine und vermischen Sie es dann mit der Kekskrümelmischung. In den Boden und die Seiten einer 23 cm großen Flanform (Pfanne) mit losem Boden drücken und fest werden lassen.

Für die Füllung Frischkäse und Hüttenkäse verrühren, dann den restlichen Zucker, Milch, Mehl, Vanilleessenz und Salz unterrühren. Restliches Eiweiß steif schlagen, dann unter die Masse heben. Auf den Boden geben und im vorgeheizten Ofen bei 180 °C/350 °F/Gas Stufe 4 1 Stunde lang backen, bis er in der Mitte fest ist. Lassen Sie es 30 Minuten lang in der Form abkühlen, bevor Sie es zum Abkühlen auf ein Kuchengitter stürzen. Bis zum Servieren kalt stellen.

Gebackener Käsekuchen mit weißer Schokolade

Ergibt einen 18 cm großen Kuchen

225 g/8 oz/2 Tassen einfache (halbsüße) Schokoladen-Verdauungskekskrümel (Graham Cracker).

50 g/2 oz/¼ Tasse Butter oder Margarine, geschmolzen

300 g/11 oz/2¾ Tassen weiße Schokolade

400 g/14 oz/1¾ Tassen Frischkäse

150 ml/¼ pt/2/3 Tasse saure Sahne

2 Eier, leicht geschlagen

5 ml/1 TL Vanilleessenz (Extrakt)

Die Kekskrümel in die Butter oder Margarine einrühren und auf den Boden einer 18 cm großen Kuchenform mit lockerem Boden drücken. Die weiße Schokolade in einer hitzebeständigen Schüssel über einem Topf mit leicht siedendem Wasser schmelzen. Vom Herd nehmen und Frischkäse, Sahne, Eier und Vanilleessenz unterrühren. Verteilen Sie die Mischung auf dem Boden und glätten Sie die Oberseite. Im vorgeheizten Backofen bei 160 °C/325 °F/Gas Stufe 3 1 Stunde lang backen, bis es sich fest anfühlt. In der Form abkühlen lassen.

Käsekuchen mit weißer Schokolade und Haselnuss

Ergibt einen 23 cm großen Kuchen

225 g/8 oz Schokoladenwaffelkekse (Kekse)

100 g/4 oz/1 Tasse gemahlene Haselnüsse

30 ml/2 EL weicher brauner Zucker

5 ml/1 TL gemahlener Zimt

225 g/8 oz/1 Tasse Butter oder Margarine

450 g/1 Pfund/4 Tassen weiße Schokolade

900 g Frischkäse

4 Eier

1 Eigelb

5 ml/1 TL Vanilleessenz (Extrakt)

Die Waffeln mahlen oder zerstoßen und mit der Hälfte der Haselnüsse, dem Zucker und Zimt vermischen. Von der Mischung 45 ml/3 EL für den Belag beiseite stellen. 90 ml/6 EL Butter oder Margarine schmelzen und mit der restlichen Waffelmasse vermischen. In den Boden und die Seiten einer gefetteten 23 cm/9 Zoll großen Flanform (Pfanne) mit losem Boden drücken und während der Füllung kalt stellen.

Die Schokolade in einer hitzebeständigen Schüssel schmelzen, die über einem Topf mit leicht siedendem Wasser steht. Vom Herd nehmen und etwas abkühlen lassen. Schlagen Sie den Käse, bis er leicht und locker ist. Eier und Eigelb nach und nach unterrühren, dann die restliche Butter und die geschmolzene Schokolade unterrühren. Vanilleessenz und restliche Haselnüsse unterrühren und glatt rühren. Die Füllung in den Krümelboden geben. Im vorgeheizten Backofen bei 150 °C/300 °F/Gas Stufe 2 1¼ Stunden backen. Bestreuen Sie die Oberseite mit der beiseite gelegten

Waffel-Keks-Nuss-Mischung und stellen Sie den Kuchen für weitere 15 Minuten in den Ofen. Abkühlen lassen und vor dem Servieren kalt stellen.

Weißer Schokoladen-Waffel-Käsekuchen

Ergibt einen 23 cm großen Kuchen

225 g/8 oz Schokoladenwaffelkekse (Kekse)

30 ml/2 EL feinster Zucker

5 ml/1 TL gemahlener Zimt

225 g/8 oz/1 Tasse Butter oder Margarine

450 g/1 Pfund/4 Tassen weiße Schokolade

900 g Frischkäse

4 Eier

1 Eigelb

5 ml/1 TL Vanilleessenz (Extrakt)

Die Waffeln mahlen oder zerstoßen und mit Zucker und Zimt vermischen. Von der Mischung 45 ml/3 EL zum Garnieren beiseite legen. 90 ml/6 EL Butter oder Margarine schmelzen und mit der restlichen Waffelmasse vermischen. In den Boden und die Seiten einer gefetteten, 23 cm großen Flanform (Pfanne) mit lockerem Boden drücken und kalt stellen.

Für die Füllung die Schokolade in einer hitzebeständigen Schüssel schmelzen, die über einem Topf mit leicht siedendem Wasser steht. Vom Herd nehmen und etwas abkühlen lassen. Schlagen Sie den Käse, bis er leicht und locker ist. Eier und Eigelb nach und nach unterrühren, dann die restliche Butter und die geschmolzene Schokolade unterrühren. Vanilleessenz einrühren und glatt rühren. Die Füllung in den Krümelboden geben. Im vorgeheizten Backofen bei 150 °C/300 °F/Gas Stufe 2 1¼ Stunden backen.

Bestreuen Sie die Oberseite mit der beiseite gelegten Waffel-Keks-Mischung und stellen Sie den Kuchen für weitere 15 Minuten in den Ofen. Abkühlen lassen und vor dem Servieren kalt stellen.

Mürbeteig

Mürbeteig (Basis-Tortenboden) ist das vielseitigste Gebäck (Paste) und kann für alle Arten von Anwendungen verwendet werden, hauptsächlich für Torten und Pasteten. Es wird normalerweise bei 200 °C/400 °F/Gas Stufe 6 gebacken.

Ergibt 350 g/12 oz

225 g/8 oz/2 Tassen einfaches (Allzweck-)Mehl

2,5 ml/½ TL Salz

50 g/2 oz/¼ Tasse Schmalz (Fett)

50 g/2 oz/½ Tasse Butter oder Margarine

30–45 ml/2–3 EL kaltes Wasser

Mehl und Salz in einer Schüssel vermischen, dann Schmalz und Butter oder Margarine unterrühren, bis die Mischung wie Semmelbrösel aussieht. Streuen Sie das Wasser gleichmäßig über die Mischung und vermischen Sie es dann mit einem Messer mit runder Klinge, bis der Teig große Klumpen zu bilden beginnt. Mit den Fingern vorsichtig zusammendrücken, bis der Teig eine Kugel bildet. Auf einer leicht bemehlten Oberfläche glatt ausrollen, aber nicht zu stark verarbeiten. In Frischhaltefolie (Plastikfolie) einwickeln und vor Gebrauch 30 Minuten kalt stellen.

Mürbeteig mit Öl

Ähnlich wie Mürbeteig (einfacher Tortenboden) ist dieser krümeliger und muss sofort nach der Herstellung verwendet werden. Es wird normalerweise bei 200 °C/400 °F/Gas Stufe 6 gebacken.

Ergibt 350 g/12 oz

75 ml/5 EL Öl

65 ml/2½ fl oz/4½ EL kaltes Wasser

225 g/8 oz/2 Tassen einfaches (Allzweck-)Mehl

Eine Prise Salz

Öl und Wasser in einer Schüssel verrühren, bis eine Mischung entsteht. Nach und nach Mehl und Salz hinzufügen und mit einem runden Messer verrühren, bis ein Teig entsteht. Auf einer leicht bemehlten Fläche ausrollen und vorsichtig kneten, bis eine glatte Masse entsteht. In Frischhaltefolie (Plastikfolie) einwickeln und vor Gebrauch 30 Minuten kalt stellen.

Reichhaltiger Mürbeteig

Dieser wird für süße Torten und Flans verwendet, da er reichhaltiger ist als gewöhnlicher Mürbeteig (einfacher Tortenboden). Es wird normalerweise bei 200 °C/400 °F/Gas Stufe 6 gebacken.

Ergibt 350 g/12 oz

150 g/5 oz/1¼ Tassen einfaches (Allzweck-)Mehl

Eine Prise Salz

75 g/3 oz/1/3 Tasse ungesalzene (süße) Butter oder Margarine

1 Eigelb

10 ml/2 TL Puderzucker (fein).

45–60 ml/3–4 EL kaltes Wasser

Mehl und Salz in einer Schüssel vermischen und dann die Butter oder Margarine einreiben, bis die Mischung wie Semmelbrösel aussieht. Eigelb, Zucker und 10 ml/2 TL Wasser in einer kleinen Schüssel verrühren, dann mit einem runden Messer unter das Mehl rühren und so viel Wasser hinzufügen, dass ein weicher Teig entsteht. Zu einer Kugel formen, auf eine leicht bemehlte Fläche geben und vorsichtig kneten, bis eine glatte Masse entsteht. In Frischhaltefolie (Plastikfolie) einwickeln und vor Gebrauch 30 Minuten kalt stellen.

Amerikanisches Shortbread-Gebäck

Ein klebriger Teig (Paste), der für ein knusprigeres Finish sorgt und sich ideal für die Verwendung mit Obst eignet. Es wird normalerweise bei 200 °C/400 °F/Gas Stufe 6 gebacken.

Ergibt 350 g/12 oz

175 g/6 oz/¾ Tasse Butter oder Margarine, weich

225 g/8 oz/2 Tassen selbstaufgehendes (selbstaufgehendes) Mehl

2,5 ml/½ TL Salz

45 ml/3 EL kaltes Wasser

Butter oder Margarine weich schlagen. Mehl, Salz und Wasser nach und nach unterrühren und zu einem klebrigen Teig verrühren. Mit Frischhaltefolie (Plastikfolie) abdecken und 30 Minuten kalt stellen. Zwischen leicht bemehlten Backpapierblättern ausrollen.

Käsegebäck

Ein Mürbeteig (Paste) für herzhafte Torten oder Backwaren. Es wird normalerweise bei 200 °C/400 °F/Gas Stufe 6 gebacken.

Ergibt 350 g/12 oz

100 g/4 oz/1 Tasse einfaches (Allzweck-)Mehl

Eine Prise Salz

Eine Prise Cayennepfeffer

50 g/2 oz/¼ Tasse Butter oder Margarine

50 g/2 oz/½ Tasse Cheddar-Käse, gerieben

1 Eigelb

30 ml/2 EL kaltes Wasser

Mehl, Salz und Cayennepfeffer in einer Schüssel vermischen und dann die Butter oder Margarine einreiben, bis die Mischung wie Semmelbrösel aussieht. Den Käse einrühren, dann das Eigelb und so viel Wasser hinzufügen, dass ein fester Teig entsteht. Auf eine leicht bemehlte Arbeitsfläche stürzen und vorsichtig kneten, bis alles gut vermengt ist. In Frischhaltefolie (Plastikfolie) einwickeln und vor Gebrauch 30 Minuten kalt stellen.

Brandteig

Ein leichter Teig (Paste), der beim Kochen bis zum Dreifachen seiner ungebackenen Größe aufbläht. Ideal für Spritzcremetorten und Gebäck. Es wird normalerweise bei 200 °C/400 °F/Gas Stufe 6 gebacken.

Ergibt 350 g/12 oz

50 g/2 oz/¼ Tasse ungesalzene (süße) Butter

150 ml/¼ pt/2/3 Tasse Milch und Wasser in gleichen Mengen, gemischt

75 g/3 oz/1/3 Tasse einfaches (Allzweck-)Mehl

2 Eier, leicht geschlagen

Butter in Milch und Wasser in einer Pfanne bei schwacher Hitze schmelzen. Schnell aufkochen, dann vom Herd nehmen. Geben Sie das gesamte Mehl hinein und schlagen Sie es so lange, bis sich die Mischung vom Pfannenrand löst. Etwas abkühlen lassen. Nach und nach die Eier nach und nach unterrühren, bis die Masse glatt und glänzend ist.

Blätterteig

Blätterteig (Paste) wird für empfindliches Gebäck wie Sahnehörnchen verwendet. Es sollte nur unter kühlen Bedingungen hergestellt werden. Es wird normalerweise bei 220 °C/425 °F/Gas Stufe 7 gebacken.

Ergibt 450 g/1 Pfund

225 g/8 oz/2 Tassen einfaches (Allzweck-)Mehl

2. 5 ml/½ TL Salz

75 g/3 oz/1/3 Tasse Schmalz (Backfett)

75 g/3 oz/1/3 Tasse Butter oder Margarine

5 ml/1 TL Zitronensaft

100 ml/3½ fl oz/6½ EL Eiswasser

Mehl und Salz in einer Schüssel vermischen. Schmalz und Butter oder Margarine vermischen, dann zu einem Block formen und vierteln. Ein Viertel des Fetts in das Mehl einreiben, bis die Mischung wie Semmelbrösel aussieht. Den Zitronensaft und so viel Wasser hinzufügen, dass mit einem runden Messer ein weicher Teig entsteht. Mit Frischhaltefolie (Plastikfolie) abdecken und 20 Minuten kalt stellen.

Den Teig auf einer leicht bemehlten Fläche etwa 5 mm dick ausrollen. Das nächste Viertel Fett hacken und auf zwei Dritteln des Teigs verteilen, dabei am Rand eine Lücke lassen. Falten Sie das ungebutterte Drittel des Teigs über das Fett und falten Sie dann das gebutterte Drittel darüber. Drücken Sie alle Verbindungen mit den Fingern rundherum, um sie abzudichten. Mit Frischhaltefolie abdecken und 20 Minuten kalt stellen.

Den Teig mit der Verbindungsstelle nach rechts auf die Arbeitsfläche legen. Wie zuvor ausrollen, dann mit dem dritten Viertel des Fetts belegen. Falten, verschließen und wie zuvor kühlen.

Den Teig mit der Verbindungsstelle nach links auf die Arbeitsfläche legen. Wie zuvor ausrollen, dann das letzte Viertel des Fetts darauf verteilen. Falten, verschließen und wie zuvor kühlen.

Den Teig 5 mm dick ausrollen und erneut falten. Mit Frischhaltefolie abdecken und vor Gebrauch 20 Minuten kalt stellen.

Blätterteig

Blätterteig (Paste) sollte nach dem Backen etwa das Sechsfache seiner Höhe erreichen und kann für alle Arten von leichten Kuchen verwendet werden, die einen lockeren Teig erfordern. Es wird normalerweise bei 230 °C/450 °F/Gas Stufe 8 gebacken.

Ergibt 450 g/1 Pfund

225 g/8 oz/2 Tassen einfaches (Allzweck-)Mehl

5 ml/1 TL Salz

225 g/8 oz/1 Tasse Butter oder Margarine

2,5 ml/½ TL Zitronensaft

150 ml/¼ pt/2/3 Tasse Eiswasser

Mehl und Salz in einer Schüssel vermischen. Schneiden Sie 50 g/2 oz/¼ Tasse Butter oder Margarine in Stücke und reiben Sie sie dann in das Mehl, bis die Mischung wie Semmelbrösel aussieht. Zitronensaft und Wasser dazugeben und mit einem Rundmesser zu einem weichen Teig verrühren. Den Teig auf eine leicht bemehlte Fläche geben und vorsichtig kneten, bis er glatt ist. Zu einer Kugel formen und in der Mitte ein tiefes Kreuz einschneiden, dabei etwa drei Viertel des Teigs (der Paste) durchschneiden. Öffnen Sie die Klappen und rollen Sie den Teig so aus, dass die Mitte dicker bleibt als die Ränder. Geben Sie die restliche Butter oder Margarine in die Mitte des Teigs, falten Sie die Laschen darüber, um ihn zu bedecken, und verschließen Sie die Ränder. Rollen Sie den Teig zu einem Rechteck von 40 x 20 cm aus und achten Sie dabei darauf, dass die Butter nicht ausläuft. Falten Sie das untere Drittel des Teigs bis zur Mitte und falten Sie dann das obere Drittel darüber. Drücken Sie die Ränder zusammen, um sie zu verschließen, und drehen Sie den Teig dann eine Vierteldrehung. Mit Frischhaltefolie (Plastikfolie) abdecken und 20 Minuten kalt stellen. Wiederholen Sie das Rollen, Falten und Abkühlen insgesamt sechsmal. Mit Frischhaltefolie abdecken und vor Gebrauch 30 Minuten kalt stellen.

Grober Blätterteig

Einfacher zuzubereiten als Blätterteig (Paste), mit leichter Konsistenz, besser warm als kalt servieren. Es wird normalerweise bei 220 °C/425 °F/Gas Stufe 7 gebacken.

Ergibt 450 g/1 Pfund

225 g/8 oz/2 Tassen einfaches (Allzweck-)Mehl

5 ml/1 TL Salz

175 g/6 oz/¾ Tasse Butter oder Margarine, gekühlt und gewürfelt

5 ml/1 TL Zitronensaft

150 ml/¼ pt/2/3 Tasse Eiswasser

Alle Zutaten mit einem Rundmesser zu einem weichen Teig verrühren. Auf eine leicht bemehlte Arbeitsfläche geben und vorsichtig zu einem 30 x 10 cm großen Rechteck mit einer Dicke von etwa 2 cm ausrollen. Falten Sie das untere Drittel des Teigs nach oben zur Mitte, dann das obere Drittel nach unten und darüber. Drehen Sie den Teig so, dass die Verbindungsstelle links liegt, und verschließen Sie die Ränder mit den Fingerspitzen. Zu einem etwas größeren Rechteck mit einer Dicke von etwa 1 cm ausrollen. Falten Sie den Teig auf die gleiche Weise in Drittel, verschließen Sie die Ränder und drehen Sie den Teig um eine Vierteldrehung. Mit Frischhaltefolie (Plastikfolie) abdecken und 20 Minuten kalt stellen. Wiederholen Sie dieses Rollen, Falten und Wenden insgesamt viermal und kühlen Sie es nach jeweils zwei Wendungen ab. In Frischhaltefolie einwickeln und vor Gebrauch 20 Minuten kalt stellen.

Pâte Sucrée

Ein dünner, süßer Teig (Paste) mit schmelzender Konsistenz, hervorragend für Tortenböden (Tortenböden). Normalerweise wird es bei 180 °C/350 °F/Gasstufe 4 blind gebacken.

Ergibt 350 g/12 oz

100 g/4 oz/1 Tasse einfaches (Allzweck-)Mehl

Eine Prise Salz

50 g/2 oz/¼ Tasse Butter oder Margarine, weich

50 g/2 oz/¼ Tasse Puderzucker (superfein).

2 Eigelb

Mehl und Salz auf eine kühle Arbeitsfläche sieben und in der Mitte eine Mulde formen. Butter oder Margarine, Zucker und Eigelb in die Mitte geben und vermischen, dabei nach und nach das Mehl mit den Fingerspitzen einarbeiten, bis ein weicher, glatter Teig entsteht. Mit Frischhaltefolie (Plastikfolie) abdecken und vor dem Gebrauch 30 Minuten kalt stellen.

Brandteigcremebrötchen

Macht 16

50 g/2 oz/¼ Tasse ungesalzene (süße) Butter

150 ml/¼ pt/2/3 Tasse Milch und Wasser in gleichen Mengen, gemischt

75 g/3 oz/1/3 Tasse einfaches (Allzweck-)Mehl

2 Eier, geschlagen

150 ml/¼ pt/2/3 Tasse doppelte (starke) Sahne

Puderzucker, gesiebt, zum Bestäuben

Butter mit Milch und Wasser in einem Topf schmelzen und zum Kochen bringen. Vom Herd nehmen, das gesamte Mehl hinzufügen und schlagen, bis sich die Mischung vom Pfannenrand löst. Nach und nach die Eier nach und nach unterrühren, bis alles gut vermischt ist. Geben Sie den Teig löffelweise auf ein angefeuchtetes Backblech (Keksblech) und backen Sie ihn im vorgeheizten Backofen bei 200 °C/400 °F/Gasstufe 6 je nach Größe 20 Minuten lang goldbraun. Machen Sie einen Schlitz in die Seite jedes Kuchens, damit der Dampf entweichen kann, und lassen Sie ihn dann auf einem Kuchengitter abkühlen. Die Sahne steif schlagen und dann in die Mitte der Brandteigbrötchen spritzen. Mit Puderzucker bestäubt servieren.

Käsige Mandarinen-Puffs

Macht 16

Für den Teig (Paste):

50 g Butter

150 ml/¼ pt/2/3 Tasse Wasser

75 g/3 oz/¾ Tasse einfaches (Allzweck-)Mehl

2 Eier, geschlagen

Für die Füllung:

300 ml/½ pt/1¼ Tassen doppelte (starke) Sahne

75 g/3 oz/¾ Tasse Cheddar-Käse, gerieben

10 ml/2 TL Orangenlikör

300 g/11 oz/1 mittelgroße Dose Mandarinen, abgetropft

Butter mit Wasser in einem Topf schmelzen und zum Kochen bringen. Vom Herd nehmen, das gesamte Mehl hinzufügen und schlagen, bis sich die Mischung vom Pfannenrand löst. Nach und nach die Eier nach und nach unterrühren, bis eine homogene Masse entsteht. Geben Sie den Teig löffelweise auf ein angefeuchtetes Backblech (Keksblech) und backen Sie ihn im vorgeheizten Backofen bei 200 °C/400 °F/Gasstufe 6 je nach Größe 20 Minuten lang goldbraun. Machen Sie einen Schlitz in die Seite jedes Kuchens, damit der Dampf entweichen kann, und lassen Sie ihn dann auf einem Kuchengitter abkühlen.

Die Hälfte der Sahne steif schlagen, dann Käse und Likör unterrühren. In die Brandteigtaschen spritzen und jeweils ein paar Mandarinen hineindrücken. Die Blätterteigtaschen auf einem großen Teller anrichten und mit der restlichen Sahne servieren.

Schokoladen-Eclairs

Ergibt 10

225 g Brandteig

Für die Füllung:
150 ml/¼ pt/2/3 Tasse doppelte (starke) Sahne

5 ml/1 TL feinster Zucker

5 ml/1 TL Puderzucker

Ein paar Tropfen Vanilleessenz (Extrakt)

Für die Soße:
50 g/2 oz/½ Tasse einfache (halbsüße) Schokolade

15 g/½ oz/1 EL Butter oder Margarine

20 ml/4 TL Wasser

25 g/1 oz/3 EL Puderzucker

Geben Sie den Teig in einen Spritzbeutel mit einer einfachen 2 cm/¾ Zoll großen Tülle (Spitze) und spritzen Sie ihn in 10 Stücken auf ein leicht gefettetes Backblech (Keksblech) mit großem Abstand. Im vorgeheizten Backofen bei 190 °C/375 °F/Gas Stufe 5 30 Minuten backen, bis die Eclairs gut aufgegangen und goldbraun sind. Auf ein Kuchengitter legen und eine Seite einschneiden, damit der Dampf entweichen kann. Abkühlen lassen.

Für die Füllung die Sahne mit dem Zucker und der Vanilleessenz aufschlagen. In die Eclairs löffeln.

Für die Soße Schokolade, Butter oder Margarine und Wasser in einem kleinen Topf bei schwacher Hitze unter ständigem Rühren schmelzen. Den Puderzucker unterrühren und auf den Eclairs verteilen.

Kränzchen

Macht 20

225 g Brandteig

Für die Füllung:
150 ml/¼ pt/2/3 Tasse doppelte (starke) Sahne

5 ml/1 TL feinster Zucker

5 ml/1 TL Puderzucker

Ein paar Tropfen Vanilleessenz (Extrakt)

Für die Soße:
50 g/2 oz/½ Tasse reine (halbsüße) Schokolade, gerieben

25 g/1 oz/2 EL Puderzucker (superfein).

300 ml/½ pt 1¼ Tassen Milch

15 ml/1 EL Speisestärke (Maisstärke)

Ein paar Tropfen Vanilleessenz (Extrakt)

Geben Sie den Teig in einen Spritzbeutel mit einer 2 cm großen Tülle (Spitze) und spritzen Sie etwa 20 kleine Kugeln mit ausreichend Abstand auf ein leicht gefettetes Backblech (Keksblech). Im vorgeheizten Backofen bei 190 °C/375 °F/Gas Stufe 5 25 Minuten backen, bis die Profiteroles gut aufgegangen und goldbraun sind. Auf einen Rost legen und jedes Stück aufschlitzen, damit der Dampf entweichen kann. Abkühlen lassen.

Für die Füllung die Sahne mit dem Zucker und der Vanilleessenz aufschlagen. In die Profiteroles löffeln. Ordnen Sie sie in einem hohen Hügel in einer Servierschüssel an.

Um die Soße zuzubereiten, geben Sie die Schokolade und den Zucker mit der gesamten Milch (bis auf 15 ml/1 EL) in eine Schüssel. Die beiseite gestellte Milch mit der Speisestärke vermischen. Milch, Schokolade und Zucker vorsichtig erhitzen, bis die Schokolade schmilzt, dabei gelegentlich umrühren. Die Speisestärkemischung einrühren und aufkochen lassen. Unter

Rühren 3 Minuten kochen lassen. Vanilleessenz hinzufügen. In einen warmen Krug abseihen. Gießen Sie die scharfe Soße über die Profiteroles oder lassen Sie sie abkühlen und gießen Sie sie dann über das Gebäck.

Mandel-Pfirsich-Gebäck

Ergibt einen 23 cm großen Kuchen

250 g Blätterteig

225 g/8 oz/2 Tassen gemahlene Mandeln

175 g/6 oz/¾ Tasse Puderzucker (superfein).

2 Eier

5 ml/1 TL Zitronensaft

15 ml/1 EL Amaretto

450 g Pfirsiche, entkernt und halbiert

Extra feiner Zucker zum Bestäuben

50 g/2 oz/½ Tasse Mandelblättchen

Den Teig auf einer leicht bemehlten Fläche zu zwei etwa 5 mm dicken Rechtecken ausrollen. Legen Sie eines auf ein angefeuchtetes Backblech. Die gemahlenen Mandeln, den Zucker, ein Ei, den Zitronensaft und Amaretto vermischen und zu einer Paste verrühren. Den Teig zu einem etwa gleich großen Rechteck ausrollen und auf den Teig legen. Die Pfirsiche mit der Schnittfläche nach unten auf der Mandelpaste anrichten. Das restliche Ei trennen und die Teigränder mit etwas verquirltem Eigelb bestreichen. Falten Sie das verbleibende Teigrechteck der Länge nach in zwei Hälften. Schneiden Sie alle 1 cm/½ Zoll von der Falte bis auf 1 cm/½ Zoll von der gegenüberliegenden Kante Schlitze ein. Falten Sie den Teig auseinander, legen Sie ihn über die Pfirsiche und drücken Sie die Ränder zusammen, um ihn zu verschließen. Die Ränder mit einem Messer abkanten. 30 Minuten kalt stellen. Mit dem restlichen Eigelb bestreichen und im vorgeheizten Backofen bei 220 °C/425 °F/Gas Stufe 7 20 Minuten backen, bis der Teig gut aufgegangen ist. Mit Eiweiß bestreichen, mit Puderzucker bestreuen und mit den Mandelblättchen bestreuen. Für weitere 10 Minuten wieder in den Ofen geben, bis es goldbraun ist.

Apfelwindmühlen

Macht 6

225 g Blätterteig

1 großer Essapfel (Dessertapfel).

15 ml/1 EL Zitronensaft

30 ml/2 EL Aprikosenmarmelade (Konfitüre), gesiebt (abgesiebt)

15 ml/1 EL Wasser

Den Teig ausrollen und in 13 cm große Quadrate schneiden. Machen Sie vier 5 cm breite Schnitte entlang der diagonalen Linien der Teigquadrate vom Rand zur Mitte hin. Befeuchten Sie die Mitte der Quadrate und drücken Sie einen Punkt von jeder Ecke in die Mitte, um eine Windmühle zu formen. Den Apfel schälen, entkernen, in dünne Scheiben schneiden und mit dem Zitronensaft beträufeln. Ordnen Sie die Apfelscheiben in der Mitte der Windmühlen an und backen Sie sie im vorgeheizten Ofen bei 220 °C/425 °F/Gasstufe 7 10 Minuten lang, bis sie goldbraun und aufgebläht sind. Die Marmelade mit dem Wasser erhitzen, bis alles gut vermischt ist, dann die Äpfel und den Teig zum Glasieren damit bestreichen. Abkühlen lassen.

Cremefarbene Hörner

Ergibt 10

450 g Blätterteig oder Blätterteig

1 Eigelb

15 ml/1 EL Milch

300 ml/½ pt/1¼ Tassen doppelte (starke) Sahne

50 g/2 oz/1/3 Tasse Puderzucker, gesiebt, plus etwas Zucker zum Bestäuben

Rollen Sie den Teig zu einem 50 x 30 cm großen Rechteck aus, schneiden Sie die Ränder ab und schneiden Sie ihn dann der Länge nach in 2,5 cm große Streifen. Das Eigelb mit der Milch verrühren und den Teig vorsichtig mit der Mischung bestreichen. Dabei darauf achten, dass kein Ei an die Unterseite des Teigs gelangt, da es sonst an den Formen kleben bleibt. Drehen Sie jeden Streifen spiralförmig um eine Hornform aus Metall und überlappen Sie dabei die Ränder der Teigstreifen. Nochmals mit Eigelb und Milch bestreichen und mit der Spitze nach unten auf ein Backblech legen. Im vorgeheizten Backofen bei 200 °C/400 °F/Gas Stufe 6 15 Minuten goldbraun backen. 3 Minuten abkühlen lassen, dann die Formen aus dem noch warmen Teig nehmen. Abkühlen lassen. Sahne mit Puderzucker steif schlagen und in die Sahnehörnchen spritzen. Mit noch etwas Puderzucker bestäuben.

Feuilleté

Macht 6

225 g Blätterteig

100 g Himbeeren

120 ml/4 fl oz/½ Tasse doppelte (starke) Sahne

60 ml/4 EL Puderzucker

Ein paar Tropfen Wasser

Ein paar Tropfen rote Lebensmittelfarbe

Den Teig auf einer leicht bemehlten Fläche 5 mm dick ausrollen und die Ränder zu einem Rechteck versäubern. Auf ein ungefettetes Backblech legen und im vorgeheizten Backofen bei 220 °C/425 °F/Gas Stufe 7 10 Minuten backen, bis der Teig gut aufgegangen und goldbraun ist. Abkühlen lassen.

Den Teig waagerecht in zwei Schichten schneiden. Die Früchte sorgfältig waschen, abtropfen lassen und trocknen. Sahne steif schlagen. Auf der unteren Teigschicht verteilen, mit den Früchten belegen und dann die oberste Teigschicht darauf legen. Geben Sie den Puderzucker in eine Schüssel und fügen Sie nach und nach so viel Wasser hinzu, dass eine dicke Glasur entsteht. Den größten Teil der Glasur oben auf dem Kuchen verteilen. Die restliche Glasur mit etwas Lebensmittelfarbe einfärben, falls sie zu flüssig wird, noch etwas Puderzucker dazugeben. Spritzen oder träufeln Sie Linien auf die weiße Glasur und fahren Sie dann mit einem Cocktailspieß (Zahnstocher) über die Linien, um einen Federeffekt zu erzielen. Sofort servieren.

Mit Ricotta gefülltes Gebäck

Macht 16

350 g Blätterteig

1 Eiweiß

10 ml/2 TL Puderzucker (fein).

Für die Füllung:
150 ml/¼ pt/2/3 Tasse doppelte (starke) Sahne oder Schlagsahne

100 g/4 oz/½ Tasse Ricotta-Käse

30 ml/2 EL feinster Zucker

45 ml/3 EL gehackte gemischte Schale

Puderzucker zum Bestäuben

Den Teig (Paste) auf einer leicht bemehlten Fläche dünn ausrollen und in vier 18 cm große Kreise schneiden. Jeden Kreis vierteln, auf ein leicht gefettetes Backblech legen und 30 Minuten kalt stellen.

Das Eiweiß schaumig schlagen, dann den Zucker einrühren. Den Teig damit bestreichen und im vorgeheizten Ofen 10 Minuten backen, bis er aufgegangen und goldbraun ist. Auf ein Kuchengitter legen und in die Dreiecke einen Schlitz machen, in den man die Füllung löffeln kann. Abkühlen lassen.

Für die Füllung die Sahne steif schlagen. Ricotta in einer Schüssel weich machen, dann Sahne, Zucker und Obst unterrühren. Die Füllung in das Gebäck spritzen oder löffeln und sofort servieren, mit Puderzucker bestäubt.

Walnuss-Puffs

Macht 18

200 g/7 oz/1¾ Tassen Walnüsse, grob gemahlen

75 g/3 oz/1/3 Tasse Puderzucker (superfein).

30 ml/2 EL Anislikör oder Pernod

25 g/1 oz/2 EL Butter oder Margarine, weich

450 g Blätterteig

1 Ei, geschlagen

Walnüsse, Zucker, Likör und Butter oder Margarine vermischen. Rollen Sie den Teig (die Paste) auf einer leicht bemehlten Oberfläche zu einem Rechteck von 60 x 30 cm aus (Sie können auch jeweils die Hälfte des Teigs ausrollen). In 18 Quadrate schneiden und die Walnussmischung auf die Quadrate verteilen. Bestreichen Sie die Ränder der Quadrate mit geschlagenem Ei, falten Sie sie zusammen und verschließen Sie sie mit der Verbindungsstelle nach unten zu Wurstformen. Drehen Sie die Enden wie eine Bonbonverpackung. Auf einem gefetteten Backblech (Keks) anrichten und mit geschlagenem Ei bestreichen. Im vorgeheizten Backofen bei 230 °C/450 °F/Gas Stufe 8 10 Minuten backen, bis der Teig locker und goldbraun ist. Am Tag des Backens warm essen.

Dänisches Gebäck

Ergibt 450 g/1 Pfund

450 g/1 Pfund/4 Tassen einfaches (Allzweck-)Mehl

5 ml/1 TL Salz

25 g/1 oz/2 EL Puderzucker (superfein).

5 ml/1 TL gemahlener Kardamom

50 g/2 oz frische Hefe oder 75 ml/5 EL Trockenhefe

250 ml/8 fl oz/1 Tasse Milch

1 Ei, geschlagen

300 g/10 oz/1¼ Tassen Butter, in Scheiben geschnitten

Mehl, Salz, Zucker und Kardamom in eine Schüssel sieben. Die Hefe mit etwas Milch schaumig schlagen und mit der restlichen Milch und dem Ei unter das Mehl rühren. Zu einem Teig verrühren und kneten, bis er glatt und glänzend ist.

Rollen Sie den Teig (die Paste) auf einer leicht bemehlten Oberfläche zu einem 56 x 30 cm großen Rechteck mit einer Dicke von etwa 1 cm aus. Die Butterscheiben auf dem mittleren Drittel des Teigs anordnen, dabei an den Rändern eine Lücke lassen. Falten Sie ein Drittel des Teigs darüber, sodass die Butter bedeckt ist, und falten Sie dann das restliche Drittel darüber. Die Enden mit den Fingerspitzen zusammendrücken und anschließend 15 Minuten kalt stellen. Nochmals auf die gleiche Größe ausrollen, in Drittel falten und 15 Minuten kalt stellen. Wiederholen Sie den Vorgang noch einmal. Legen Sie den Teig in eine bemehlte Plastiktüte und lassen Sie ihn 15 Minuten ruhen, bevor Sie ihn verwenden.

Dänische Geburtstagsbrezel

Für 8 Personen

50 g frische Hefe

50 g/2 oz/¼ Tasse Kristallzucker

450 g/1 Pfund/4 Tassen einfaches (Allzweck-)Mehl

250 ml/8 fl oz/1 Tasse Milch

1 Ei

200 g/7 oz/knapp 1 Tasse Butter, gekühlt und in Scheiben geschnitten

Für die Füllung:

100 g/4 oz/1 Tasse gehackte Mandeln

100 g Butter oder Margarine

100 g/4 oz/½ Tasse Puderzucker (superfein).

Zum Glasieren geschlagenes Ei

25 g/1 oz/¼ Tasse blanchierte Mandeln, grob gehackt

15 ml/1 EL Demerara-Zucker

Die Hefe mit dem Zucker cremig rühren. Geben Sie das Mehl in eine Schüssel. Milch und Ei verquirlen und mit der Hefe zum Mehl geben. Zu einem Teig verrühren, abdecken und 1 Stunde an einem kalten Ort gehen lassen. Den Teig (die Paste) auf 56 x 30 cm/22 x 12 Zoll ausrollen. Die Butter im mittleren Drittel des Teigs verteilen, dabei die Ränder aussparen. Ein Drittel des Teigs über die Butter falten, dann das andere Drittel darüber falten und die Ränder zusammendrücken. 15 Minuten kalt stellen. Noch dreimal ausrollen, falten und kalt stellen.

Die restlichen Zutaten außer Ei, Mandeln und Zucker glatt rühren. Den Teig zu einem etwa 3 mm dicken und 10 cm breiten Streifen ausrollen. Die Füllung in der Mitte verteilen, die Ränder anfeuchten und über der Füllung zusammendrücken. Auf einem gefetteten Backblech eine Brezelform formen und an einem warmen Ort 15 Minuten ruhen lassen. Mit geschlagenem Ei bestreichen und mit den blanchierten Mandeln und Demerara-Zucker bestreuen. Im vorgeheizten Backofen bei 230 °C/450 °F/Gas Stufe 8 15–20 Minuten backen, bis der Teig aufgegangen und goldbraun ist.

Dänische Gebäckschnecken

Macht 16

100 g/4 oz/½ Tasse ungesalzene (süße) Butter, weich

60 ml/4 EL Puderzucker

45 ml/3 EL Johannisbeeren

½ Menge Plundergebäck

15 ml/1 EL gemahlener Zimt

Glacé-Glasur

Für die Füllung Butter und Puderzucker glatt rühren, dann die Johannisbeeren unterrühren. Den Teig zu einem Rechteck von ca. 40 x 15 cm ausrollen. Mit der Butterfüllung bestreichen und mit Zimt bestreuen. Von der kurzen Seite her aufrollen, sodass eine Biskuitrolle entsteht. In 16 Scheiben schneiden und auf ein Backblech legen. 15 Minuten an einem warmen Ort gehen lassen. Im vorgeheizten Backofen bei 230 °C/450 °F/Gas Stufe 8 10–15 Minuten goldbraun backen. Abkühlen lassen, dann mit Glasur verzieren.

Dänische Gebäckzöpfe

Macht 16

½ Menge Plundergebäck

1 Ei, geschlagen

25 g/1 oz/3 EL Johannisbeeren

Glacé-Glasur

Teilen Sie den Teig in sechs gleich große Portionen und formen Sie jede zu einer langen Rolle. Befeuchten Sie die Enden der Rollen und drücken Sie sie zu dritt zusammen, dann flechten Sie die Längen zusammen und verschließen Sie die Enden. In 10 cm lange Stücke schneiden und auf ein Backblech legen. 15 Minuten an einem warmen Ort gehen lassen. Mit verquirltem Ei bestreichen und mit Johannisbeeren bestreuen. Im vorgeheizten Backofen bei 230 °C/450 °F/Gas Stufe 8 10–15 Minuten backen, bis der Teig gut aufgegangen und goldbraun ist. Abkühlen lassen, dann mit Glasur glasieren.

Plundergebäck-Windmühlen

Macht 16

25 g/1 oz/¼ Tasse gemahlene Mandeln

25 g/1 oz/3 EL Puderzucker

Etwas Eiweiß

½ Menge Plundergebäck

Für die Füllung Mandeln und Puderzucker vermahlen und dann nach und nach so viel Eiweiß unterrühren, dass eine feste, glatte Masse entsteht. Den Teig ausrollen und in 10 cm große Quadrate schneiden. Schneiden Sie diagonal von den Ecken bis auf 1 cm/½ Zoll von der Mitte entfernt. Geben Sie einen Löffel der Füllung in die Mitte jeder Windmühle, bringen Sie dann vier Ecken wie eine Windmühle in die Mitte und drücken Sie sie in die Füllung. Auf ein Backblech legen und 15 Minuten an einem warmen Ort gehen lassen. Mit dem restlichen Eiweiß bestreichen und im vorgeheizten Backofen bei 230 °C/450 °F/Gasstufe 8 10–15 Minuten backen, bis der Teig aufgegangen und goldbraun ist.

Mandelgebäck

Macht 24

450 g/1 Pfund/2 Tassen Puderzucker (superfein).

450 g/1 Pfund/4 Tassen gemahlene Mandeln

6 Eier, leicht geschlagen

5 ml/1 TL Vanilleessenz (Extrakt)

75 g/3 oz/¾ Tasse Pinienkerne

Zucker, gemahlene Mandeln, Eier und Vanilleessenz gut verrühren. Auf ein gefettetes und mit Backpapier ausgelegtes Backblech (30 x 23 cm/12 x 9 Zoll) geben und mit den Pinienkernen bestreuen. Im vorgeheizten Backofen bei 180 °C/350 °F/Gasstufe 4 1½ Stunden lang backen, bis sie braun sind und sich fest anfühlen. In Quadrate schneiden.

Einfache Biskuitkuchenform

Ergibt ein 23 cm großes Gehäuse (Schale)

2 Eier

200 g/7 oz/knapp 1 Tasse Puderzucker (superfein).

5 ml/1 TL Vanilleessenz (Extrakt)

150 g/5 oz/1¼ Tassen einfaches (Allzweck-)Mehl

5 ml/1 TL Backpulver

Eine Prise Salz

120 ml/4 fl oz/½ Tasse Milch

50 g/2 oz/¼ Tasse Butter oder Margarine

Eier, Zucker und Vanilleessenz verrühren, dann Mehl, Backpulver und Salz untermischen. Milch und Butter oder Margarine in einem kleinen Topf aufkochen, dann in die Kuchenmasse gießen und gut verrühren. Den Teig in eine gefettete, 23 cm/9 Zoll große Kuchenform geben und im vorgeheizten Backofen bei 180 °C/350 °F/Gas Stufe 4 30 Minuten lang backen, bis er leicht goldbraun ist. Zum Abkühlen auf ein Kuchengitter stürzen.

Mandeltarte

Ergibt eine 20 cm große Torte

175 g Mürbeteig

Für die Füllung:
50 g/2 oz/¼ Tasse Butter oder Margarine, weich

2 Eier, geschlagen

50 g/2 oz/½ Tasse selbstaufgehendes (selbstaufgehendes) Mehl

75 g/3 oz/¾ Tasse gemahlene Mandeln

Ein paar Tropfen Mandelessenz (Extrakt)

45 ml/3 EL Orangensaft

400 g/14 oz/1 große Dose Pfirsiche oder Aprikosen, gut abgetropft

15 ml/1 EL Mandelblättchen

Den Teig ausrollen (Paste) und damit eine gefettete, 20 cm große Tortenform (Pfanne) auskleiden. Den Boden mit einer Gabel einstechen. Butter oder Margarine und Eier schaumig schlagen. Nach und nach Mehl, gemahlene Mandeln, Mandelessenz und Orangensaft untermischen. Die Pfirsiche oder Aprikosen in einer Küchenmaschine pürieren oder durch ein Sieb reiben. Das Püree auf dem Teig verteilen und die Mandelmischung darauf geben. Mit den Mandelblättchen bestreuen und im vorgeheizten Backofen bei 190 °C/375 °F/Gasstufe 5 40 Minuten backen, bis es sich federnd anfühlt.

Apfel-Orangen-Tarte aus dem 18. Jahrhundert

Ergibt eine 18 cm große Torte

Für den Teig (Paste):

100 g/4 oz/1 Tasse einfaches (Allzweck-)Mehl

25 g/1 oz/2 EL Puderzucker (superfein).

50 g/2 oz/¼ Tasse Butter oder Margarine

1 Eigelb

Für die Füllung:

75 g/3 oz/1/3 Tasse Butter oder Margarine, weich

75 g/3 oz/1/3 Tasse Puderzucker (superfein).

4 Eigelb

25 g/1 oz/3 EL gehackte gemischte (kandierte) Schale

Abgeriebene Schale einer großen Orange

1 Ess-(Dessert-)Apfel

Um den Teig zuzubereiten, vermischen Sie Mehl und Zucker in einer Schüssel und reiben Sie dann die Butter oder Margarine ein, bis die Mischung wie Semmelbrösel aussieht. Das Eigelb unterrühren und leicht zu einem Teig verrühren. In Frischhaltefolie (Plastikfolie) einwickeln und vor der Verwendung 30 Minuten kalt stellen. Den Teig ausrollen und damit einen gefetteten Tortenring von 18 cm Durchmesser auskleiden.

Für die Füllung Butter oder Margarine und Zucker schaumig schlagen, dann Eigelb, gemischte Schale und Orangenschale untermischen. Den Teig darüber verteilen. Den Apfel schälen, entkernen, reiben und auf dem Flan verteilen. Im vorgeheizten Backofen bei 180 °C/350 °F/Gas Stufe 4 30 Minuten backen.

Deutscher Apfelkuchen

Ergibt eine 20 cm große Torte

Für den Teig (Paste):

100 g/4 oz/1 Tasse selbstaufgehendes (selbstaufgehendes) Mehl

50 g/2 oz/¼ Tasse weicher brauner Zucker

25 g/1 oz/¼ Tasse gemahlene Mandeln

75 g/3 oz/1/3 Tasse Butter oder Margarine

5 ml/1 TL Zitronensaft

1 Eigelb

Für die Füllung:

450 g Kochäpfel (säuerlich), geschält, entkernt und in Scheiben geschnitten

75 g/3 oz/1/3 Tasse weicher brauner Zucker

Abgeriebene Schale von 1 Zitrone

5 ml/1 TL Zitronensaft

Für den Belag:

50 g/2 oz/¼ Tasse Butter oder Margarine

50 g/2 oz/½ Tasse einfaches (Allzweck-)Mehl

5 ml/1 TL gemahlener Zimt

150 g/5 oz/2/3 Tasse weicher brauner Zucker

Um den Teig zuzubereiten, vermischen Sie Mehl, Zucker und Mandeln und reiben Sie dann die Butter oder Margarine ein, bis die Mischung wie Semmelbrösel aussieht. Zitronensaft und Eigelb einrühren und zu einem Teig verrühren. In den Boden einer gefetteten Kuchenform (20 cm/8 Zoll) drücken. Die Zutaten für die Füllung vermischen und auf dem Boden verteilen. Für den Belag Butter oder Margarine in das Mehl und den Zimt einreiben, dann den Zucker einrühren und auf der Füllung verteilen. Im vorgeheizten Backofen bei 180 °C/350 °F/Gas Stufe 4 1 Stunde lang goldbraun backen.

Apfelkuchen mit Honig

Ergibt eine 20 cm große Torte

Für den Teig (Paste):

75 g/3 oz/1/3 Tasse Butter oder Margarine

175 g/6 oz/1½ Tassen Vollkornmehl

Eine Prise Salz

5 ml/1 TL klarer Honig

1 Eigelb

30 ml/2 EL kaltes Wasser

Für die Füllung:

900 g Kochäpfel (säuerlich).

30 ml/2 EL Wasser

75 ml/5 EL klarer Honig

Abgeriebene Schale und Saft von 1 Zitrone

25 g/1 oz/2 EL Butter oder Margarine

2,5 ml/½ TL gemahlener Zimt

2 (Dessert-)Äpfel essen

Um den Teig zuzubereiten, reiben Sie Butter oder Margarine in das Mehl und das Salz ein, bis die Mischung wie Semmelbrösel aussieht. Den Honig einrühren. Das Eigelb mit etwas Wasser verquirlen und unter die Masse rühren, dabei so viel Wasser hinzufügen, dass ein weicher Teig entsteht. In Frischhaltefolie (Plastikfolie) einwickeln und 30 Minuten kalt stellen.

Für die Füllung die Kochäpfel schälen, entkernen, in Scheiben schneiden und mit dem Wasser leicht köcheln lassen, bis sie weich sind. 45 ml/3 EL Honig, Zitronenschale, Butter oder Margarine und Zimt hinzufügen und ohne Deckel kochen, bis ein Püree entsteht. Abkühlen lassen.

Den Teig auf einer leicht bemehlten Fläche ausrollen und einen 20 cm breiten Tortenring damit auskleiden. Mit einer Gabel rundherum einstechen, mit Backpapier abdecken und mit Backbohnen füllen. Im vorgeheizten Backofen bei 200 °C/400 °F/Gas Stufe 6 10 Minuten backen. Papier und Bohnen entfernen. Reduzieren Sie die Ofentemperatur auf 190 °C/375 °F/Gasstufe 5. Geben Sie das Apfelmus in die Form. Die Essäpfel entkernen, ohne sie zu schälen, und dann in dünne Scheiben schneiden. In sauber überlappenden Kreisen auf dem Püree verteilen. Im vorgeheizten Ofen 30 Minuten backen, bis die Äpfel gar und leicht gebräunt sind.

Den restlichen Honig mit dem Zitronensaft in einen Topf geben und vorsichtig erhitzen, bis sich der Honig auflöst. Zum Glasieren über den gekochten Flan löffeln.

Apfel-Hackfleisch-Tarte

Ergibt eine 18 cm große Torte

175 g Mürbeteig

1 mittelgroßer (säuerlicher) Apfel, geschält, entkernt und gerieben

175 g/6 oz/½ Tasse Hackfleisch

150 ml/¼ pt/2/3 Tasse doppelte (starke) Sahne

25 g/1 oz/¼ Tasse Mandeln, gehackt und geröstet

Den Teig (die Paste) ausrollen und damit einen 18 cm/7 Zoll großen Tortenring auskleiden. Alles mit einer Gabel einstechen. Den Apfel unter das Hackfleisch rühren und auf dem Boden verteilen. Im vorgeheizten Backofen bei 200 °C/400 °F/Gas Stufe 6 15 Minuten backen. Reduzieren Sie die Ofentemperatur auf 160 °C/325 °F/Gas Stufe 3 und backen Sie weitere 10 Minuten. Abkühlen lassen. Die Sahne steif schlagen, dann auf dem Flan verteilen, mit den Mandeln bestreuen und sofort servieren.

Apfel-Sultaninen-Tarte

Ergibt eine 20 cm große Torte

100 g Butter oder Margarine

225 g/8 oz/2 Tassen Vollkornmehl

30 ml/2 EL kaltes Wasser

450 g Kochäpfel (säuerlich), geschält, entkernt und in Scheiben geschnitten

15 ml/1 EL Zitronensaft

50 g/2 oz/1/3 Tasse Sultaninen (goldene Rosinen)

50 g/2 oz/¼ Tasse weicher brauner Zucker

Reiben Sie Butter oder Margarine in das Mehl, bis die Mischung wie Semmelbrösel aussieht. Fügen Sie so viel kaltes Wasser hinzu, dass ein Teig entsteht. Ausrollen und damit einen gefetteten Tortenring von 20 cm Durchmesser auskleiden. Die Äpfel im Zitronensaft vermischen und in der Teigform anrichten. Mit Sultaninen und Zucker bestreuen. Die Teigreste ausrollen und ein Gitter über die Füllung formen. Im vorgeheizten Backofen bei 190 °C/375 °F/Gas Stufe 5 30 Minuten backen.

Aprikosen-Kokos-Baiser-Tarte

Für 8 Personen

4 Eier, getrennt

100 g/4 oz/½ Tasse Butter oder Margarine, weich

175 g/3 oz/1/3 Tasse klarer Honig

225 g/8 oz/2 Tassen Vollkornmehl

Eine Prise Salz

450 g/1 Pfund frische Aprikosen, halbiert und entsteint (entkernt)

100 g/4 oz/½ Tasse Puderzucker (superfein).

175 g/6 oz/1½ Tassen getrocknete (geschredderte) Kokosnuss

Eigelb, Butter oder Margarine und Honig verrühren, bis alles gut vermischt ist. Mehl und Salz untermischen, bis eine glatte und feste Masse entsteht. Den Teig (Paste) auf einer leicht bemehlten Oberfläche etwa 1 cm dick ausrollen und auf ein gefettetes Backblech (Keksblech) legen. Mit den Aprikosenhälften bedecken, mit der Schnittfläche nach unten legen und im vorgeheizten Backofen bei 200 °C/400 °C/Gas Stufe 6 15 Minuten backen.

Das Eiweiß steif schlagen. Die Hälfte des Zuckers dazugeben und nochmals weiterrühren, bis die Masse steif und glänzend ist. Den restlichen Zucker und die Kokosnuss unterheben. Die Baisermischung auf den Aprikosen verteilen und weitere 30 Minuten im Ofen backen, bis sie leicht goldbraun sind. Noch warm in Quadrate schneiden.

Bakewell-Tarte

Ergibt eine 18 cm große Torte

Für den Teig (Paste):

50 g/2 oz/¼ Tasse Butter oder Margarine

100 g/4 oz/1 Tasse einfaches (Allzweck-)Mehl

30 ml/2 EL Wasser

Für die Füllung:

100 g/4 oz/1/3 Tasse Erdbeermarmelade (konserviert)

50 g/2 oz/¼ Tasse Butter oder Margarine, weich

50 g/2 oz/¼ Tasse Puderzucker (superfein).

1 Ei, leicht geschlagen

Ein paar Tropfen Mandelessenz (Extrakt)

25 g/1 oz/¼ Tasse selbstaufgehendes (selbstaufgehendes) Mehl

25 g/1 oz/3 EL gemahlene Mandeln

50 g/2 oz/½ Tasse Mandelblättchen

Um den Teig zuzubereiten, reiben Sie Butter oder Margarine in das Mehl, bis die Mischung wie Semmelbrösel aussieht. Gerade so viel Wasser einrühren, dass ein Teig entsteht. Ausrollen und eine gefettete, 18 cm große Tortenform damit auslegen. Mit der Marmelade bestreichen. Für die Füllung Butter oder Margarine und Zucker schaumig schlagen und dann das Ei und die Mandelessenz unterrühren. Mehl und gemahlene Mandeln unterrühren. Die Marmelade darüber verteilen und die Oberfläche glätten. Mit den Mandelblättchen bestreuen. Im vorgeheizten Backofen bei 190 °C/375 °F/Gas 5 20 Minuten backen.

Banoffee Fudge Pie

Für 4 Personen

250 g Mürbeteig

75 g/3 oz/1/3 Tasse Butter oder Margarine

50 g/2 oz/¼ Tasse weicher brauner Zucker

30 ml/2 EL Milch

250 ml/8 fl oz/1 Tasse Kondensmilch

3–4 Bananen, in dicke Scheiben geschnitten

Zitronensaft

300 ml/½ pt/1¼ Tassen doppelte (starke) Sahne

Rollen Sie den Teig aus und füllen Sie damit eine 23 cm tiefe, lockere Backform (Pfanne) aus. Mit Backpapier abdecken, mit Backbohnen füllen und im vorgeheizten Backofen bei 200 °C/400 °F/Gasstufe 6 ca. 10 Minuten blind backen. Papier und Bohnen entfernen und weitere 5 Minuten backen, bis sie hellgolden sind.

In der Zwischenzeit Butter und Zucker in einer Pfanne erhitzen und rühren, bis sie sich aufgelöst haben. Zum Kochen bringen und unter ständigem Rühren 1 Minute kochen lassen. Vom Herd nehmen und Milch und Kondensmilch einrühren. Unter ständigem Rühren erneut 2 Minuten lang kochen lassen oder bis die Mischung goldbraun und sehr dick ist. Die Bananen in den Teigboden legen und mit etwas Zitronensaft beträufeln. Vollständig mit dem Fudge bedecken und abkühlen lassen. 45 Minuten kalt stellen, bis es fest ist. Schlagen Sie die Sahne auf und schichten Sie sie auf den Kuchen. Mit einer zusätzlichen Banane dekorieren und nach Belieben mit Zitronensaft beträufeln. Innerhalb von 2–3 Stunden servieren.

Walisischer Brombeerumsatz

Ergibt eine 20 cm große Torte

225 g Brombeeren

225 g Mürbeteig

Etwas Milch zum Glasieren

25 g/1 oz/2 EL Butter oder Margarine, gewürfelt

50 g/2 oz/¼ Tasse weicher brauner Zucker

Die Früchte waschen und putzen. Rollen Sie den Teig (die Paste) zu einem Kreis von 23 cm aus und legen Sie ihn auf ein gefettetes Backblech (Keks). Die Hälfte des Teigs mit den Früchten bedecken, dabei die Ränder aussparen. Locker in der Mitte falten, die Oberseite mit Milch bestreichen und im vorgeheizten Backofen bei 190 °C/375 °F/Gas Stufe 5 40 Minuten backen. Nehmen Sie es aus dem Ofen und heben Sie den Deckel vorsichtig an, gerade so weit, dass Sie die Butter oder Margarine auf die Früchte verteilen und mit dem Zucker bestreuen können.

Brandy- oder Rum-Tarte

Ergibt eine 20 cm große Torte

225 g/8 oz/1 Tasse entkernte Datteln, gehackt

250 ml/8 fl oz/1 Tasse kochendes Wasser

2,5 ml/½ TL Natron (Backpulver)

100 g/4 oz/½ Tasse Butter oder Margarine, weich

175 g/6 oz/¾ Tasse Puderzucker (superfein).

2 Eier

175 g/6 oz/1½ Tassen einfaches (Allzweck-)Mehl

2,5 ml/½ TL Backpulver

2,5 ml/½ TL gemahlener Ingwer

Eine Prise Salz

50 g/2 oz/½ Tasse gehackte gemischte Nüsse

50 g/2 oz/½ Tasse Kekskrümel

Für den Sirup:

450 g/1 lb/2 Tassen weicher brauner Zucker

250 ml/8 fl oz/1 Tasse kochendes Wasser

15 g/½ oz/1 EL Butter oder Margarine

5 ml/1 TL gemahlener Zimt

60 ml/4 EL Brandy oder Rum

Die Datteln, 200 ml/knapp 1 Tasse kochendes Wasser und das Natron vermischen, gut umrühren und stehen lassen. Butter oder Margarine, Zucker und das restliche kochende Wasser schaumig rühren. Nach und nach die Eier unterrühren, dann Mehl, Backpulver, Ingwer und Salz unterheben. Nüsse, Keksbrösel und Dattelmischung unterrühren. In eine gefettete und ausgelegte

quadratische Kuchenform (Pfanne) mit 20 cm Durchmesser geben und im vorgeheizten Ofen bei 190 °C/375 °F/Gasstufe 5 30 Minuten lang backen, bis er goldbraun ist und sich federnd anfühlt.
Für den Sirup alle Zutaten außer Brandy oder Rum in einem Topf zum Kochen bringen. 5 Minuten köcheln lassen, dann abkühlen lassen. Den Brandy einrühren und den Sirup über die heiße Tarte löffeln. Vor dem Servieren lauwarm abkühlen lassen.

Buttertörtchen

Ergibt 12

225 g Mürbeteig

50 g/2 oz/¼ Tasse Butter oder Margarine, geschmolzen

175 g/6 oz/¾ Tasse weicher brauner Zucker

45 ml/3 EL einfache (helle) Sahne

100 g/4 oz/2/3 Tasse Sultaninen (goldene Rosinen)

1 Ei, leicht geschlagen

5 ml/1 TL Vanilleessenz (Extrakt)

Den Teig ausrollen (Paste) und damit 12 gefettete Törtchenformen (Pastetchenformen) auslegen und mit einer Gabel einstechen. Alle restlichen Zutaten vermischen und in die Förmchen füllen. Im vorgeheizten Backofen bei 180 °C/350 °F/Gas Stufe 4 25 Minuten backen.

www.ingramcontent.com/pod-product-compliance
Lightning Source LLC
Chambersburg PA
CBHW050150130526